「ビルマ系日本人」誕生とそのエスニシティ

多民族な社会と新たな連帯

梶村美紀

風響社

はじめに

グローバリゼーションの伸長によって世界は多様化している。現在の日本でも国境を越える人の移動がますます大きな意味をもつようになってきている。本書では、日本定住が長期化するニューカマー、特にビルマ（現ミャンマー連邦共和国）出身の人びとの動向に着目し、多様化する日本社会の実情を捉える。具体的には、多くの人がビルマから越境する契機となった反政府の動きがあった一九八八年から二〇一三年にいたるまでの当事者の意識の変容と、その後の選択を分析し、「ビルマ系日本人」が誕生する可能性とそのエスニシティを明らかにすることが目的である。

国際社会では、日本の難民受け入れは消極的だと評価されることが多いが、二〇〇〇年代にビルマ難民を積極的に受け入れた実績があるのも事実である。また、留学という手段を用いて祖国を離れ、日本で習得した知識や技術を活かし日本で生活基盤を築いている人もいる。しかし、これらの人びとは、安全な生活を手に入れたものの、その多くが非正規雇用のままにされており、日本社会の底辺に位置していると評価されている。その一方で、家族形成が進んでおり、すでに日本企業で働く二世や三世代で暮らす家族もいる。このような定住ビルマ人は、滞在の長期化に伴い、より安定的な在留資格へ変更したり、なかには日本の国籍を取得している人もいる。

例えば、二〇〇〇年末には一一五名だった「永住者」資格取得者が二〇一六年末には一八九五名へ、二〇〇〇年末に一三四名だった「定住者」資格取得者が二〇一六年末には二三九二名へと大幅に増加している。ビルマは二〇一一年に「民政移管」したが、多くの定住ビルマ人は帰国していない。それぱかりか、留学生や技能実習生など、新たに来日するビルマ人の数は大幅に増加している。日本社会の多様性を体現する存在であるこれらビルマの人びとに着目し、当事者のアイデンティティのあり方を実証的に明らかにすることが本書の主なねらいである。

序章では、まず、先行研究で定住ビルマ人の実態解明が不十分であった点を指摘し、ビルマ研究で重視されることの多い多民族性を考慮する視座を提示する。次に、定住ビルマ人を生み出す背景を日本とビルマの歴史的経緯から考察する。第一章では、プッシュ要因として来日後の当事者の動向に影響を与えたビルマの少数民族グループの歴史的な背景を考察し、定説であった一九八八年の民主化要求運動に加えて、民族問題を解明する。第二章では、プル要因としてビルマ人の滞在長期化を可能にした日本の難民受け入れのあり方を分析する。

続く第三章では、来日後のエスニシティを超えた連帯が構築された経緯を考察し、その意義を明らかにする。具体的には、ビルマ国内での居住パターンを三分類したうえで、それぞれの「〇〇民族」意識形成の特徴を考察し、来日前の少数民族グループには「ビルマ人」という意識が希薄であった点を指摘する。第四章では、ビルマの少数民族グループと多数派とされるビルマ民族（バマー）とのエスニシティを超えた連帯が日本で育まれた要因を分析する。具体的には、「ビルマ人」意識が希薄であった少数民族グループが「〇〇民族」から「在日ビルマ人」へとそのエスニシティを変容させた経緯を明らかにする。

第五章では、「民政移管」したビルマへの帰国よりも日本滞在の継続を選択する当事者の意向を分析し、より安定した在留資格および日本国籍の取得を望む人が増加している現状を「ビルマ系日本人」誕生の契機と捉える。

結論部分である第六章では、来日前の「〇〇民族」、来日後の「在日ビルマ人」という意識、さらに「日本人」という日本社会に即した認識を含む複合的なアイデンティティを共有しながら生きていく人、つまり「ビルマ系日本人」が日本にとっていかに重要な存在であるのかを提示する。

ビルマではアウンサンスーチー氏による政権が誕生し、さまざまな制度改革が進められているが、長年国家運営を翻弄してきた民族問題は一朝一夕に解決できるものではなく、今後もさまざまな課題の発生が想定される。少数民族グループとバマーとの連帯がうみだす「ビルマ系日本人」誕生は、研究上の新たな発見であるとともに、ビルマにおける複雑な民族問題の解決への糸口ともなりうる点も本書では重視した。なお、本書では、ミャンマー連邦共和国ではなく、ビルマを国名として使用するが、その理由は以下の通りである。一九四八年の独立時における国名は、ビルマ語ではミャンマー連邦「ピーダウンズ・ミャンマーナインガンドー」、英語ではビルマ連邦「The Union of Burma」であった。その後、一九八八年の民主化要求デモ後に権力を握った軍事政権が、一九八九年六月に英語表記を「The Union of Burma」から「The Union of Myanmar」に突然変更した。その理由として、英語表記の Burma の元となったビルマ語のバマー（ビルマ）には狭義のビルマ民族の意味しかないが、Myanmar には連邦諸民族すべてを含むため変更したと説明される。ただし実際のところは、バマーもミャンマーも歴史的には狭義のビルマ民族を指しており、ミャンマーは文語体、バマー（ビルマ）は口語体という違いが存在するのみである。この突然の変更に対して、国民への説明や同意を得ずに強制的に変更されたという経緯に賛同できず、現在でもビルマ（バマー、Burma）を好んで使用する在外のビルマ出身者は多い。少数民族グループのなかにはこだわりのない人や若い世代にはミャンマーを使用する人もいるが、一九八八年八月以降の日本におけるビルマ出身者を主な研究対象とした本書では、起点であるその当時に日本で使用されていたビルマ連邦を省略したビルマを国名として使用する。

●目次——

装丁＝オーバードライブ・前田幸江

ビルマの地図

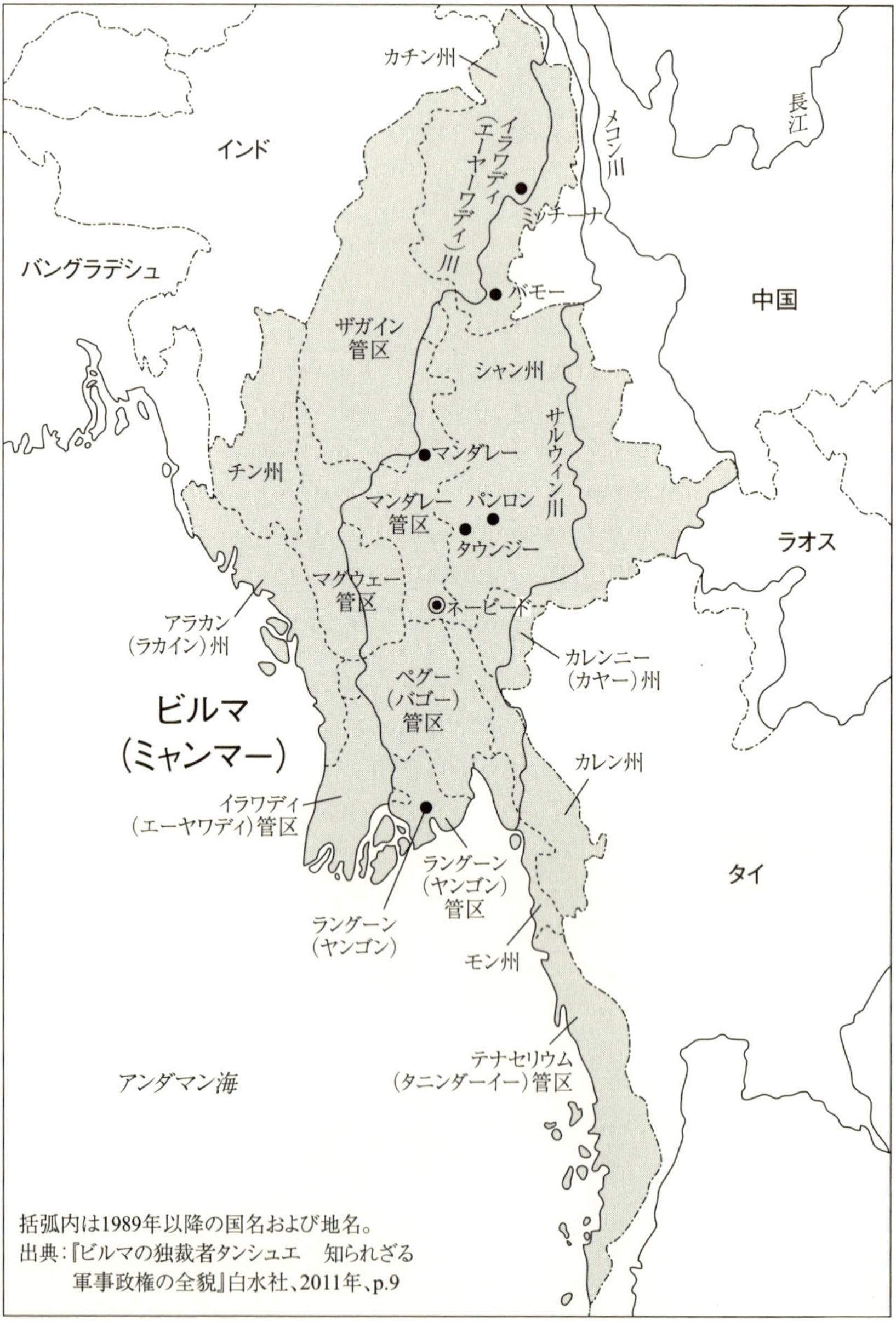

括弧内は1989年以降の国名および地名。
出典：『ビルマの独裁者タンシュエ　知られざる軍事政権の全貌』白水社、2011年、p.9

●「ビルマ系日本人」誕生とそのエスニシティ

序章　日本定住ビルマ人への視座

一　背景と研究目的

日本では、これまで注目されていなかった移民の本格的な受け入れが議論されるようになってきたが、二〇一六年末時点ですでに二四〇万人近くの外国人が暮らしているのも事実である。現代の国際移民の特徴として、国家による移民への統制、そしてそれに対する移民側からの対応をまず挙げることができる。それと同時に、新自由主義経済の伸張による経済格差が移民に与える影響もまた大きな特徴である。カースルズとミラーは現代の移民の特徴を、「移民のグローバル化」、「移民の加速化」、「移民の多様化」、「移民の女性化」、「移民の政治化」、「移民過程変遷の普及」であると指摘する。[1]そのなかでも国際移民が「多様化（differentiation of migration）」し、「ほとんどの国家は労働移民、難民、定住者のどれかといった単一のタイプの移民を取り扱うのではなく、同時にそれらすべてのタイプの移住者に対処することになる。典型的には連鎖移民が、あるタイプの移民から始まってしまうと、政府が移動を止めたり制御したりしても（あるいは往々にしてそのために）、しばしば他のタイプの移住者をともなって続くことが多い」と説明する。[2]つまり、転入する移民のタイプを選別しようと国家が試みても、あらゆるタイプの移民がその潮流にのって越境し、それらの人びとが受け入れ国の法制度にあわせて可能な在留方法を選択しているのが現代の移民を取り巻く現状である。たとえば、日本はいわゆる三K職で働く労働移民を制度的に受け入れることをせず、高度人材のみを合法的に受け入れているが、実態は労働移民なしには立ち行かない業種が少なくない。そのため、労働移民であっても、法制度上は、技能実習生、留学生、短期滞在者、結婚移住者など、その目的とは異なる在留資格で滞在する結果となっている。

このような国際移民の流れを後押ししているのは、そのときの社会情勢である。たとえば、日本にベトナム難民が漂着するようになった一九七〇年代後半〜一九八〇年代は、人道的な観点から「難民」を保護すべきとの考えが国際社会に広まっていた時期であったが、それと同時に国境を越えた労働力移動が活発化した時期でもあり、かつ、日本経済最盛期でもあった。その結果、日本では労働移民は受け入れないが「ベトナム難民」であれば受け入れられ、仕事にも就けるという状況がうまれていた。その結果、中国福建省のある村に中越戦争を逃れていたベトナム人がその噂を聞きつけ、地元住民と協力し、「ベトナム難民」として日本に殺到するようになったという「事件」も起きている[3]。南北格差が是正されるどころかますます拡大している現在社会においては、鎖国をしない限り、少しでも賃金の高い仕事を求めて人々は移動する。そして、一旦その流れができてしまえば、経済面以外の理由であってもその潮流を利用し人は移動する。

日本に暮らす外国人は、戦前から暮らしていたオールドカマーと、戦後来日したニューカマーとに大別される。ニューカマーのなかには既に世代を超えて日本に定住している人もいることからこの名称が実態を表していないとの考えもあるが、まずは両者の違いを説明する。オールドカマーとは、世界大戦の戦間期を前後して日本統制下の近隣地域から強制的または自発的に来日し、その後、日本で生活を継続している人びとである。一九世紀後半以降の日本では、北米や南米に移民を送り出すようになっていた[4]。それと同時に、帝国主義政策の下で国土を拡大し、朝鮮半島と台湾に出自をもつ人びとを一時は日本臣民として扱い、戦後には、歴史上最後の勅令である一九四七年の「外国人登録令」によってこれらの人びとを「外国人」扱いしたのである[5]。その結果としてうまれたのが戦後日本最大の「外国人」グループとされている在日コリアンである。この動きとは異なり、日本経済が主なプル要因となって来日したニューカマーは一九八〇年代に急増したが、それ以前の一九六〇年代半ば以降から沖縄でサトウキビ収穫労働やパインアップル缶詰製造業に合法的に従事する台湾および韓国出身の労働者や、非合法に非熟練労働やホステスとして働かされる外国人女性もいた[6]。一九七〇～八〇年代には、近隣のアジア諸国出身のホステス業の女性「じゃぱゆき[7]」さんが増加し、一九八〇年代後半以降にはアジア諸国の人びとや日系南米人など、日本を生活拠点とする外国人が大幅に増加した。その後、二〇〇〇年代後半の世界的な金融危機などにより一時的に減少したが、日本に暮らす外国人数は再度増加し、二〇一六年末の統計では二三八万二八二二名が在留外国人として登録されている[8]。

オールドカマーに対する日本政府および社会の態度は、同化の強要や排除傾向が強かった。それが、「黒船」となったインドシナ難民の受け入れをきっかけとして、一九八二年の難民条約加盟をはじめ、オールドカマーを含む定住外国人に対する法制度上の差別が一部ではあるが軽減されていった[9]。とはいえ、一九八〇年代以降になり急増した「外国人労働者」の概念は明確に定義されておらず、その受け入れのあり方は「バック・ドア」または「サイド・ドア」からであった[10]。一九九〇年の出入国管理および難民認定法（以下では入管難民法または単に難民法と表記する）改正により日系人の滞在および就労の自由化が図られたが、そのなかでもっとも数の多い日系ブラジル人の存在についても「顔の見えない定住化[11]」と表現されるように、日本における外国人の定住が周知の事実として認識されているわけではない。

こうしたニューカマーの中にビルマ出身の人びとがいる。一九四八年にイギリスから独立したビルマでは、民族問題や民主化問題など、国家の根幹を揺るがす諸問題が国政を左右してきた。その結果、安全やより良い教育の機会等を求めて越境する人も少なくない。まずは、留学生として来日する人がほとんどであったが、一九八八年の民主化要求運動（以下八八デモと表記）の封じ込めと軍事政権成立、その後の経済改革などが直接・間接的なきっかけとなり、越境するビルマ出身者が急増し、そのなかで日本に来る人も増大した。来日したビルマ出身者は、二〇〇〇年代中頃になると日本における難民認定および庇護の大半を占めているという点で目立つ存在になっている。難民認定と庇護の供与は、日本に暮らすビルマ出身者に大きな変化をもたらしているが、一方で二〇一一年三月以降のビルマ情勢の「変化」を受け、帰国することが現実味を帯びつつも、実際のところはそう簡単に帰国を選択できず滞在が長期化という新しい傾向も生まれている。一九八二年に難民条約に加入した日本の難民認定制度は、インドシナ難民以外の申請者には「狭き門」であったため、当初は認定されたビルマ出身者は年間数人しかいなかった。この動きに対し支援弁護士を中心とした働きかけが一九九二年から本格化し、ビルマ出身者の受け入れの門戸が少しずつ開かれていった。[12] その後も「狭き門」が続く日本の難民制度であるが、やがて難民認定者およびそれに準ずる庇護を得る総数の約九割がビルマ出身者という偏りがみられるようになった。その結果、難民として日本に滞在するビルマ出身者が飛躍的に増加している。

ビルマ出身者とは、滞在期間に関係なく、たとえば、短期訪問や帰国時期が明らかな留学生や技能実習生なども含む、日本に在留しているすべてのビルマの人を指す。それに対して、日本定住ビルマ人とは生活基盤が日本にあるビルマ出身の人を指す。つまり、ビルマ出身者の中に日本定住ビルマ人が含まれるという構図になる。日本定住ビルマ人に含まれるビルマ人とは、狭義のビルマ民族（以下、バマールーミョウを省略してバマーと表記する）ではなく、ビルマ出身の人を指す。本書ではこの日本定住ビルマ人を研究の対象とする。日本に定住していることが前後の文脈から明らかな場合には単に定住ビルマ人と表記する。なお本書で用いる日本定住ビルマ人とは、主として難民制度を介して在留資格を得たビルマ出身者を指すが、それ以外の手段を経て日本に定住しているビルマ出身者を除くというものではない。例えば、専門職での就労、エスニックレストランや食材店などの経営、日本人や日本に生活拠点がある人の配偶者やその家族、元留学生が日本で就職した場合など、難民制度に拠らずに在留資格を得て日本に定住している人びとも含めて定住ビルマ人と呼称する。

二〇〇〇年代中ごろから、その存在が一部で知られるようになってきた日本定住ビルマ人であるが、関連する研究は数えるほどしかなく、系統的にまとめられた研究はない。本書が主に言及する定住ビルマ人の連帯については、極端に少ない難民認定数の付与が要因となり相互の連帯がうまくいっていないとされている[13]。日本のビルマ出身者に関する調査研究は極めて少ないため、この指摘は重要であるが、この論文の調査対象時期は二〇〇五年であり、日本定住ビルマ人を取り巻く環境はこの時期を前後して劇的に変化している。本書では、この変化を含め、滞在が長期化する定住ビルマ人の意識の変容に着目し、「ビルマ系日本人」という新たなカテゴリー誕生の可能性を考察する。その際、特にビルマが抱える複雑な民族問題を重視する。これまで、在外ビルマ出身者を扱った研究では、その多くが八八デモによる弾圧を逃れるために越境したバマーが主な対象となっている。しかし、実際には民主化デモ以前やデモ収束から三〇年近くが経過した二〇一七年八月現在でもビルマ国民の流出は継続している。また、越境するのはバマーやカレン[14]ばかりでなく、ほかの少数民族グループもいる。本書ではこれらの点に注目し、多民族から構成される国家として、複雑な課題を抱えるビルマの実態を重視した調査研究を心がける。

日本では、移民という用語は一般的ではない。代わりに、ガイジン、外国人、在日外国人、外国人労働者、外国人花嫁などと称するのが一般的である[15]。また、近年では地域社会の一員として受け入れる意味あいを込めて、外国人住民または外国籍住民と表す地方自治体もある[16]。ただし、これらの呼称が非日本人すべてを指しているわけではない。この点について、そもそも日本人とは誰を指すのかという疑問がわく。最も線引きが容易な国籍法によれば「出生の時に父又は母が日本国民であるとき」、さらに、届出または帰化により日本国籍を取得した人が日本人とされている。そして、それ以外の人を外国人とするのが、日本における日本人と外国人との一般的な線引きの定義である。ところが、この定義は国民国家を基軸とした分け方であり、人びとは何れかの国に属していることが前提となっている。しかし、なかには何れの国にも属していない人、当該国家から排除されている人、国家の崩壊や諸手続きの不具合の結果として生まれつき出生国を持たない人など、実態としてどの国にも属さない人びとと、無国籍の人がいる。[17] 本書の研究対象である定住ビルマ人の中にも、本国ビルマの庇護を受けることができない事実上の無国籍、また、その無国籍者から生まれた二世の多くは日本にもビルマにも法的に国民であると認められていない無国籍者である。この無国籍の人は、日本籍か外国籍かという国籍を主体として分類すると、何れにも属さない、制度からこぼれ落ちる人である。したがって本書では外国籍住民という用語は使用せず、代わりに無国籍者を含みつつ、日本以外の国や地域につながりをもつ人という観点から、外国人と表現する。とはいえ、この外国人という語は多くの人を指すことが可能であるが、一方で定住ビルマ人の多様なアイデンティティのあり方を覆い隠してしまうという弱点を有するのも事実である。本書では、この弱点を意識しながら外国人という呼称を使用する。誰が日本人で、誰が外国人なのかという視点は、本書を通して考察する定住ビルマ人の意識の変容から見出される意義ともかかわるものである。

昨今の世界的な潮流として、当該国にある期間居住した事実に基づいて国籍を取得する居住主義の要素が新しく加わってきている。[18] 外国人の長期定住化など、複数の国とつながりがある人の増加にともない、一つの国籍では実態にあわなくなったことから、国民と外国人との線引きが見直されるようになってきているのである。その対応の一つとして、これまで二重国籍を認めていなかった血統主義を原則としている国で生地主義を組みあわせた対応がみられるようになっている。たとえば、血統主義を重視していたドイツは、長期滞在する外国人が人口の約一割である実態を受けて、生地主義を部分的に取り入れるようになった[19]。また、スウェーデンに代表されるように、従来の国民と外国人の間に位置する長期定住外国人を「永住市民（Denizen）」と捉える考えもある[20]。さらに、イギリス、フランス、オランダでは、旧植民地出身者にはより多くの権利を認めるという動きがみられる[21]。

このように、社会の構成員の変化にともない国籍の扱いが変わる国家がある。日本でも同様に社会の構成員は変化しているが、国籍の扱いに目立った変更はなく、重国籍は認めず、長期定住者への諸権利は限定的なままである[22]。国籍取得の根拠は、生地主義と血統主義に大別される。ある国の領土内で子どもが生まれたという事実に対して、その国の国籍を付与するという考えを生地主義、両親または父親と同じ国籍を付与するという考えを血統主義という。日本では血統主義を採用している。日本国籍の取得は戸籍制度が基本となり、日本国籍保持者か否かかで、社会的な立場が大きく異なるという特徴がある。「日本という国ほど、「国籍」についての関心のもち方が、両極分解しているところも珍しいのではなかろうか。圧倒的多数を占める日本国民にとっては、それは〝水〟にも〝空気〟にもたとえられるほど全く無頓着でいられるものである。一方、同じ日本にいても、外国籍の場合だと、日常生活のなかでほとんど毎日のように、「国籍とは何か」と自問しているかもしれない[23]」と指摘される。以下で検討するように、血統主義を根拠として一九九〇年に改訂された入管難民法の運用面を通して、「揺らぎ」がでてきているが、基本的な方針は変更されていない。

一九九〇年の改訂で、「日本人の子として出生した者の実子に係るもの」、「日本人の子として出生した者でかつて日本国民として本邦に本籍を有したことがあるものの実子に係るもの」を「日系人」とみなし、活動制限のない「定住者」として日本に在留できるようになった[24]。ここでは「日本国民として本邦に本籍を有したことがあるもの」が日本人と捉えられている。「本邦に本籍を有したこと」を証明するのは戸籍謄本で、この写しを提出すれば、「日系人」と認められ、日本に合法的に滞在できるようになったのである。しかし、この法改定後、戸籍謄本の写しが売買され、その「偽物」の写しを入手した人が来日し、「定住者」資格を得るという「事件」が起こるようになった。そして、その要因として、送り出し国と日本における公式文書に対する扱いの違いが指摘されている。[25] たとえば、ペルーでは、鉛筆で書かれた文字を消しゴムで消した婚姻証明書や名前のスペルが違うパスポートなどであっても公式文書として発給されるが、日本では、これらの「本物」の証明書では受理してもらえないというケースがでてきた。そのために、このようなケースを教訓として、日本の基準にあう「偽物」を「本物の日系人」が購入するようになっていったのである。この事例から、「偽物」を生み出したのは「本物」の日系人であったと指摘される。そして、「偽物」の写しが「本物の日系人」によって必要とされ、それが売買されるようになり、やがては商売として成り立つようになった。さらに、日本に行くつもりのない「本物の日系人」までもが戸籍謄本を取り寄せて、売るようになり、コセキ売買ルートが形成されていった。移民を受け入れない方針の日本であったが、日本人との血のつながりを証明できれば「日系人」とみなされ、日本で自由に就労できるようになり、その手続き過程で、「本物の日系人」が、「偽物」の書類を入手せざるを得ないという奇妙な状況がうまれた。入管難民法上の手続きでは、「日本の戸籍に入っていた人の子か孫」であることを「証明する書類を持っている」か否かで決定されることから、「ニッポン人とは紙の上の民族」であると指摘される。[26]

さらに、その売買された戸籍謄本で「定住者」資格を得て働いている日系人労働者の噂の真相を探るため、日系人が多く働く工場に潜入した日本人ルポライターの経験が示唆に富んでいる。[27] 工場で出会う「ニッポン人」から、「ニセモノ」と「ホンモノ」の見分け方や「ニッポン人」であることの条件等を聞き出そうとするが、百人百様の考えがあり埒があかない。やがて、そのうちの一人から本質的な答えを得る。「たとえば、お前におじさんがいたとしよう。そんなおじさんがいるなんて知らなかったんだけど、ある日突然現れたんだ。そのおじさんは大金持ちだった。さあ、その人はお前の親戚か？お前は言うだろう、そうです。この人は私の血のつながった大切なおじさんです、とな。そう言うだろ？じゃあ、もし、それが借金取りに追われたおじさんだったらその人はお前の親戚か？」「見ず知らずの他人だろ」「血や民族なんてのはそんなもんだよ。血なんてのは、都合（コンベニエンテ）ってことなんだよ」「そう、ペルー人でいた方が都合がよけりゃペルー人。ニッポン人でいた方がよけりゃニッポン人。それだけのことなんだよ……」[28]、そして「ニッポン人なんてのはかげろうみたいなもんさ……あるようでどこにもいないんだよ」という言葉が投げかけられた[29]。

明治以降に輸入された西欧の概念の翻訳語と指摘される民族という日本語は、「一般には、特定の個別文化およびそれへの帰属意識を共有する人類の下位集団をさす意味に用いられている。」と説明される[30]。だが、民族の決定要因は、誰が、どの時点で、何を目的としているのかによって左右される。すなわち「相互関係の場で可変的なもの」[31]であることを上記の事例が示している。さらに、この事例では、日本という国家が一九九〇年の法改定を通して、「日系人」という「名づけ」の契機となったことを示唆している[32]。「名づけ」とは、国家に代表される制度化された社会において、少なくとも三つ以上の小集団がある場合に、中間集団に「名」が付けられることを指す[33]。また、この「名づけ」に対する当該集団側からの応答として、その「名づけ」られた名を使うか、それ以外の名を使うかは別として、「名乗り」という行為が民族を生み出すメカニズムの初源となり、特に「国家」による「名づけ」に対する「名乗り」のあり方が、その民族のあり方に影響を与える[34]。先の例では、日本と何らかのつながりをもちつつペルーに暮らしていた人びと、そして、それらの人びととつながりがあった人びとが、日本国家という場に持ち上げられた結果、「日系人」と名づけられた[35]。このように、国境を越えた人の移動は、日本国籍の「揺らぎ」、そして民族の「名づけ」や「名乗り」を生み出しているが、日本では現在のところ、これらの事例を受けて、国籍の扱いを変更するという動きにはいたっていない。

日本の国籍を取り巻く制度は変わっていないが、それに対する人びとの捉え方には変化がみられる。これまで在日コリアン社会では、日本国籍取得は「民族の裏切り」と捉えられ、国籍問題を議論すること自体がタブー視され、実際に日本国籍を取得した同胞への非難の目は厳しいものであったが、二〇〇〇年代に入り、三世や四世の在日コリアンの間には、国籍問題を積極的に議論していこうとする動きがでてきた[36]。二〇〇三年一一月一六日に開催された「第一回在日コリアンフォーラム〈参政権・国籍・教育〉[37]」では、在日コリアンが日本国籍取得を主題に公開議論を展開した。当日の登壇者のほとんどが反対意見を表明したが、後日フォーラム参加者が返送したアンケートでは大部分が賛成意見を表明しており、この問題を話しあうきっかけとなったという点だけに注目しても画期的な場であったのは間違いない[38]。フォーラム参加者などを対象に実施したインタビューでは、日本国籍を取得することにより在日コリアンというマイノリティの存在を明らかにしたい、韓国籍のまま幸せになりたい、議論すべきは国籍取得ではなくいかに永住権を保障するかであるという考えなど、多様な意見がみいだせる。ヘイトスピーチ解消法が制定されたとはいえ、法制度や社会的な差別など、在日コリアンを取り巻く日本社会には多くの問題が残っている。その一方で、日本国籍を取る在日コリアンが増加し、また日本国籍取得後に民族名を名乗る人が増えるなど、当事者のなかにも変化が見出せる点で、状況は変わってきていると捉えてよいだろう。

このように当事者側には変化がみられるが、先に述べたように、現在の日本では制度の見直しにはいたっていない。それよりも、管理が徹底している近年の日本の外国人政策で引き続き重視されているのは、その滞在が合法か非合法かという点である。その外国人が日本に入国する際に必要な書類が査証であり、その後、日本に滞在するために必要な書類が在留資格である。二〇一六年末時点で二三種類の活動目的と四つの身分を保障する資格が規定されている。詳細は次章で述べるが、後者の身分を保障する資格には、「永住者」「日本人の配偶者等」「永住者の配偶者等」「定住者」があり、就労や就学などの活動に制限がない。対応年数は、「定住者」資格の場合は個別に定められるが、「永住者」資格では期限は設けられておらず長期滞在を可能にする資格である[39]。近年急増した「留学」「技能実習」を除けば、定住ビルマ人の多くが「定住者」または「永住者」の資格を保有している。

ところで、ニューカマーの定住者に関連して使用される定住という語句には二つの意味がある。一つは長期に日本で暮らしている外国人の生活実態を表す用語としての定住、または、定住者であり、もう一つは入管難民法の別表第二に規定されている在留資格の一つである。後者についても単に定住者と表される場合が多く、ときに前者との混乱をきたす。本書ではふたつを区別するため、前者を意味する場合には定住または定住者とし、後者には「定住者」資格と、定住者を括弧付けする。永住者の場合も同様に、在留資格を表す場合には「永住者」とし、社会的な実態を表す場合にはそのまま永住、または、永住者と表記する。

すでに述べた通り、定住ビルマ人の多くは、「短期滞在」資格、いわゆる観光ビザで入国し、その後に難民認定制度を利用して「定住者」資格または「特定活動」資格を取得している。それ以外にも、留学後に就労資格を得たり、配偶者や家族として日本に滞在する人もいる。定住の長期化にともない、諸条件が整えば「永住者」資格へ切り替える人や日本国籍を取得する人もいる。本書で研究対象とする日本定住ビルマ人について、あえて難民である点を強調することはしないが、当事者の意識の変容を考察する作業を通し、日本で暮らす難民の姿を明らかにすることにもなる。一九八二年に難民条約を批准した日本では、それに沿った国内法として入管難民法が制定され、そこで規定されている条件を証明できる人が難民とされる。難民条約、正式には「難民の地位に関する条約」で、難民とは「人種、宗教、国籍若しくは特定の社会的集団の構成員であること又は政治的意見を理由に、迫害を受けるおそれがあるという十分に理由のある恐怖を有するために、国籍国の外にいる者であって、その国籍国の保護を受けることができないもの又はそのような恐怖を有するためにその国籍国の保護を受けることを望まないもの」と定義されている。日本では二〇一六年末までに四万一〇四六名の申請に対し、六八八名が難民として認定されている[40]。

この数字だけをみるとかなり少ないという印象を受ける。国内外の関係各界から、日本の消極的な難民受け入れが指摘されることも多い。しかし、第一章で検討するように、二〇〇〇年代にはその多くがビルマ出身者であったのも事実である。八八デモ以降に来日したビルマ出身者の多くが、この難民条約にそった日本の難民認定制度を利用しており、難民認定を求める過程で本書が取り上げるビルマ出身の少数民族グループの意識の変容も確認できる。したがって、本書では、①人種、宗教、国籍若しくは特定の社会的集団の構成員であること又は政治的意見を理由に、迫害を受けるおそれがあるという十分に理由のある恐怖を有すること、②国籍国の外にいる者であること、③その国籍国の保護を受けることができない、又はそのような恐怖を有するためにその国籍国の保護を受けることを望まない者であること、という難民条約に基づく難民の定義が重要な意味をもっている。本書では、基本的には難民という概念は、この難民条約による定義で使用する。ただし、「条約難民」ないし「認定難民」と呼ばれる難民の定義は、ビルマ出身の少数民族グループを検討の中心においている本書では、狭すぎる面があることも事実である。それは、それらの人びとが、ビルマ国内にいる時期に、すでに少数民族グループであるために迫害され、故地を離れざるをえないなどの状況におかれており、ビルマからの出国、日本への渡航も、国内でおかれたこれらの状況の延長として把握されるべき出来事だからである。こうした点では、難民を「何らかの理由（戦禍、天災、迫害等）によって、生活上の大きな困難に遭遇している人びと」ないし「生活上の困難ゆえに、あるいはそれを回避するために、越境や移動を余儀なくされた人びと」と、国境をまたぐことを要件とせずに広くとらえようとする見解の方が適合する面をもっている[41]。本書では、ビルマ国内で移動を余儀なくされた少数民族グループを「国内避難民」とし、国境を越えた際に「難民」と呼ぶ用法を用いるが、「国内避難民」と「難民」は、きわめて連続性をもった存在であることは明白である。

これまでの定住ビルマ人研究の多くは移民／難民研究の範疇で扱われており、通常、ビルマ研究では重視されることの多い多民族性が十分に考慮されておらず、定住ビルマ人の実態解明が不十分であった。在外のビルマ出身者の研究では、八八世代の民主化活動家かタイ国境の難民キャンプに避難しているカレンへの注目が大きかった。また、ビルマ社会の多様性を考慮していても、その相互の対立を強調する文脈や、特定の少数民族グループに特化した研究がめだつのがこれまでの現状であった。そのため、ビルマが多民族から構成される社会であると述べていても、考察の段階ではその点について詳細な説明は省略されていた。これは、移民／難民研究の主な関心が当事者の移動経緯および受け入れ社会における現象におかれているからであり、さらに、分析対象が受け入れ国中心となっているからである。しかし、定住ビルマ人の研究はこの旧来のアプローチでは不十分であり、不適当である。なぜなら、独立以降つねに少数民族グループを含む国民の統合が重要課題とされてきたビルマでは、民族問題が政治における中心課題であり続けたので、この点を考慮しなければ定住ビルマ人の行動を決定する主要な要因はみえてこないからである。よって本書では、ビルマの多民族性を充分に考慮しながら日本定住ビルマ人の意識の変容を解明し、当事者が日本で直面している状況を考慮しつつ、生み出される新しい動きをその要因とともに探っていくことにする。

第二次世界大戦後の世界各地で植民地解放をきっかけに、民族やエスニシティの問題が注目を浴び、特に一九六〇年代以降、急激に増えた新興国内の民族問題に関心が高まっている。[42] 多民族から構成される独立国家における国民統合はさまざまな問題をはらんでおり、ビルマにおいても独立前から現在にいたるまで多民族からなる国民をいかに統合するかが常に政治のあり方を大きく左右してきた。共産党勢力および少数民族勢力からの異議申し立てという内部事情に加え、宗主国イギリスからの独立という目的を果たすために植民地期に異なる統治体制下にあった地域を急ごしらえに併合せざるをえなかったという経緯がある。[43] 詳細は第一章で述べるが、そのため、バマーが主導する国家の側は少数民族グループを国家の枠組み内へ統合することに躍起になっているのが現状である。[44] 少数民族グループ側は連邦制のあり方について個々の実情に即した要望を訴えているが、中央政府側はそれを拒否し、継続的な弾圧という形で応酬しているが、逆にそれが民族意識を高める作用をはたしている。「民政移管」後の二〇一七年五月には、和平交渉が再開されるとのニュースが流れたが、簡単に交渉がまとまるとは思えないという捉え方が大勢を占める。いうまでもなく、多民族を抱えるビルマにおいて、それらを問題なく一国家内にまとめ統治していく方策を見出すのは容易なことではない。特に、独立を主導した仏教徒バマーを中心とした国家形成の方針の下では、他の宗教や民族への不寛容が見受けられ、文化的多様性がかき消されている。

このような独立ビルマのおかれた状況に対して、本書で特に注目するのは、ビルマ国内では対立構造におかれてきた少数民族グループとバマーとが、意外なことに来日後には歩み寄り連帯するという動きをみせ、当事者の新しい認識が現れたことである。さらに、これらの定住ビルマ人の日本滞在が長期化していることから、日本には彼／彼女らの居場所があり、日本社会における新たな地位の確立が現実的である点も見逃せない。言い換えれば、ビルマ国内では異なるエスニシティを育んでいる少数民族グループとバマーであるが、来日後にその違いを超えて連帯し、日本社会に根を下ろしているのである。この、誰もが予想しなかった日本における定住経緯は、日本とビルマ双方にとって意義のある考察であろう。なお、本書では「人々の民族的集団性は、独自の国民国家の形成に収斂するわけではない」という考えにそって、「民族という言葉を基本的にはエスニシティの意味で使用し、ネーションには国民という言葉を使用」する。[45] 日本定住ビルマ人の意識の変容を研究する本書において、この視点は重要である。なぜなら、来日前の少数民族グループがビルマ国内でどのようにそれぞれのエスニシティを獲得してきたのかという観点から考察を進める本書では、少数民族グループをビルマという国家内にすでに収斂されてしまっている存在という視点で捉えると、それぞれの民族の存在をかき消してしまうことになるからである。

エスニシティに関する議論は「原初主義」と「道具主義」とに大別される。「原初主義」では、言語や宗教、血縁関係などを介する結びつきを生得的なものとしてエスニシティを捉えるのに対し、「道具主義」では、エスニシティは状況に応じて構築、再構築される流動的な存在として捉えられる。社会変動にともなってエスニシティ概念も常に問い直され、一九八〇年代後半あたりから「原初主義」より「道具主義」が注目されている。そして、国民国家内で捉えられる傾向にあったエスニシティが、移民の増加や地域統合などの動きに応じて、国家の枠組みを超える現象として捉えられるようになってきている[46]。日本定住ビルマ人を研究課題とする本書では、国境を越えて移動する人びとは国民国家の枠組みには収まりきらないものと捉える視点から「道具主義」の立場を重視する。具体的には、本書で使用するエスニシティを、「人びとの行動を制約する文化的属性ではなく、歴史的状況の変化に対応して常に更新されていく、人々のよりよい生き方の追求の過程[47]」と定義する。

ビルマの民族構成はバマーとその他の少数民族グループとに大別される。従来のビルマ政府の公式見解によれば一三五の少数民族グループ[48]がいるとされていた。二〇一四年、三一年ぶりに国政調査が実施され、全体の約七割がバマーとされているが二〇一七年六月現在詳細は発表されていない。この数字はバマーが多数派とされる所以であるが、民族および宗教的な少数派を少なく見積もろうとする当局側の意図が介在しており、実態としては総人口の半数近くは少数派が占めるとの指摘もある[49]。バマーと少数民族グループは同じビルマ国民であるが、ビルマ国内でおかれた環境が異なっている。さらに、少数民族グループはビルマ国内における法的立場の違いから二つのグループに大別される。その違いとは国籍の有無である。少数民族グループは国内で差別的な扱いを受けるがビルマ国民であることには間違いない。ところがロヒンギャは国民とみなされず国籍を付与されていないため、より難解で複雑な状況におかれている。一九八二年に制定された市民権法では国民の条件が規定されている。

それによると、ビルマで市民権を有する国民は、ビルマ国民（ナインガンダー）、準ビルマ国民（エナインガンダー）、帰化国民（ナインガンダーピュクィンヤドゥ）の三つに分類され、イギリス植民地期以前の一八二三年時点から両親双方の先祖が継続してビルマに住んでいる人をビルマ国民と規定している。[50] 多数派とされるバマーに加え、この条件にあてはまる、カチン、カヤー、カレン、チン、バマー、モン、ラカイン、シャンなどの各民族はビルマ国民に該当すると規定されている。[51] 一九四八年の独立時に一時的に制定された連邦国籍法により国籍を得た人を準ビルマ国民、そして、この連邦国籍法の施行停止後にビルマに帰化した人を帰化国民と規定している。ロヒンギャについては、このいずれにも該当せず、バングラデシュから川を渡ってきた不法移民という扱いがなされている。さらにその認識は、ビルマ当局だけでなく、一般の人びとの間でも広く共有されている。[52] このように、バマーと少数民族グループ、そして、少数民族グループのなかでも国籍の有無が要因となり、それぞれが抱える問題の内容が異なっている。これらをまとめると、①バマー、②少数民族グループ―一（国籍を付与される民族グループ）、③少数民族グループ―二（国籍を付与されない民族グループ、すなわちロヒンギャ）となる（表1）。

この分類を元に本書では、②少数民族グループ―一を主な分析対象として、来日後に構築された①バマーとのエスニシティを超えた連帯、および、その後の日本社会との関わりに着目し、当事者の意識の変容を明らかにする。エスニシティを超えた連帯については、一九八八～二〇一三年にかけて、東京都内を拠点に組織活動に関わっていた定住ビルマ人を対象とする。二〇一〇年から日本が受け入れるようになった第三国定住プログラムの対象者は含まない。また③少数民族グループ―二については今後の課題としたい。さまざまなエスニシティをもつビルマ出身者を表すには「ビルマ人／ビルマ系」とまとめざるを得ないが、問題はその言葉にはどのような人びとが含まれているのかが明確でないという点である。本書においても、ビルマ出身の人びとを一括して、ビルマ出身者、定住ビルマ人、さらには「ビルマ系日本人」と呼称することになるが、そのなかでも特にビルマという語

表1　ビルマ出身者の国籍の有無と政治課題

	国籍の有無	主な政治課題
① バマー	あり	民主化運動
② 少数民族グループ -1	あり	平等な権利
③ 少数民族グループ -2	無し	国籍の回復

がもつ多様性を可能な限り押しつぶさないよう細心の注意を払う。

なお、「○○系日本人」という捉え方であるが、日本社会に定着しているとはいえないものの、多様なエスニシティを抱える人の存在を明らかにし、また、「日本人」という言葉の持つ中身を変容させうる用語である[53]。最新の研究では、「○○系」とは「エスニックな出自」を指し、それに続く「日本人」とは日本国籍の保有者を指すが、国籍を基準とせず様々な使われ方をするケースも含まれるとする考えが提示されている。「○○系」という言い方が議論されるようになってきたことこそが、多様な出自をもつ二世三世の存在が増えてきた証であり、つまりは、日本における外国人受け入れのあり方が問われてきているといえよう。しかし、「○○系」は同時に多様なエスニシティを有する人びとを一つのカテゴリーに収斂してしまうという危険性、そして、ときにそれが「排除の対称」となる可能性、例えば現代社会における「イスラム系」というカテゴリーが敵視されかねない危険性などをひめているとの指摘もある。本書で議論する「ビルマ系日本人」においても、この指摘が非常に重要であることは、言うまでもない。例えば、日本国籍を取得した定住ビルマ人二世を「ビルマ系日本人」と名付けることはたやすいことかもしれない。しかし、繰り返しになるが、ビルマ出身であることと「エスニックな出自」が「ビルマ」にあることとは簡単には重ならない。当事者が各自のエスニックなルーツをどのように思い、名のっているのかは、個人個人の経歴やその時々の政治社会的な環境に左右される。本書ではこれらの点に留意しながら議論を進める。

二　先行研究の検討と問題設定

本書の目的は、既述したように、日本定住ビルマ人の来日後に考察される行動および意識の変容を分析し、「ビルマ系日本人」誕生の可能性を考察することである。具体的には、少数民族グループとバマーとのエスニシティを超えた連帯を実証的に検証し、ビルマと日本の文脈におけるその連帯の重要性、さらに「ビルマ系日本人」誕生の意義を明らかにする。その際に、先行研究では重視されていないビルマの多民族性を特に留意し、なかでも、定住ビルマ人を生み出す背景、その後のエスニシティを超えた連帯、そして、日本社会とのかかわりという三つの問いをたて、最終的に「ビルマ系日本人」誕生の可能性を明らかにする。

在外ビルマ出身者を系統的にまとめた研究書はないが、ビルマとタイの国境にある難民キャンプやタイ国内に居住するビルマ出身の労働者に関する研究、ビルマ国境を跨ったトランスナショナルな生活空間を築いている人びとに着目した研究がいくつかある[54]。これらの研究では、難民や移住労働者として受け入れ社会でビルマ出身者がおかれた生活環境やさまざまな課題とそれへの対応、特定の民族グループの移動や定住の経路、生活戦略や生き方など、海外とつながりをもつビルマ出身者の生活実態を把握するために役立つ。

日本のビルマ出身者にかんする研究の特徴としてまず指摘できることは、当事者による研究がない点である。そして、全般的な傾向として、移動局面よりも政治活動や日常生活における諸問題を含む居住局面に注目した研究が多い。先行研究で描かれる定住ビルマ人は、八八デモに参加し、当局の目を逃れるために越境し、来日後も祖国の民主化のために活動するという、いわゆるステレオタイプのものが主である[55]。確かにこのような経緯に当てはまる人もいる。しかし、それは多様なビルマ出身者が有する経験の一例にすぎない。ここで想定されているビルマ出身者とは、都市部出身のエリート層であり、一部には少数民族グループを含むものの、その多くはバマーを対象としていると思われる。民主化運動への弾圧に加えて経済的な要因による越境を挙げる研究もあるが、ここでも対象者はバマーとなっている。[56]ビルマが多民族国家である点はほとんどの先行研究に指摘されているが、それ以上の言及は見受けられず、ビルマ出身者のもつ複雑な民族間関係やエスニシティの多様性、少数民族グループゆえの経験などはほとんど明らかにされていない。これらの点を踏まえ、本書では多様な定住ビルマ人の存在が可視化されていなかった要因も含め、先行研究の指摘と異なった観点から、以下の三つの問いをたてる。

1　日本定住ビルマ人を生み出す背景

すでに述べたとおり、これまで少数民族グループの来日前の経験を考察した日本定住ビルマ人研究は少ない。本書の第一の論点は、この少数民族グループの来日前後の経験を明らかにするために、まずは、定住ビルマ人をうみだし、その定住が長期化している要因が何であるのかを分析することである。国際移民は、定住先においても、出身地やほかの地域に定住する同胞とのトランスナショナルな生活空間を維持する傾向にある。定住ビルマ人にとっても同様で、移動経緯や来日後の生活だけを考察してはその姿を正確に把握することができない。とくに、来日後の生活でも、来日前の経験から何らかの影響を受けているはずであるが、この点に注目した先行研究はない。既に述べたように、先行研究では八八デモだけが定住ビルマ人の越境要因のように捉えられる傾向にあるが、少数民族グループはそれ以前から、またその後も、安全な生活空間を求め移動したり、近隣国などへ出稼ぎをして生活を維持している。[57]越境することがすでに生活の一部となっていた少数民族グループにとって、八八デモが後押しした側面があるとしても、それだけが越境の要因というわけではない。この点について、独立ビルマの国家形成をめぐる駆け引きなども考察する必要がある。

来日後の少数民族グループの行動についても同様の視点が不可欠である。日本における定住ビルマ人の政治活動に目を向けると、八八デモについては既に複数の研究で考察されている。それに対し、少数民族グループによる政治活動についてはほとんど明らかにされておらず、そもそも少数民族グループはなぜ政治活動に消極的であったのかについての分析もなされていない。そのような中にあって、支援者からは、離合集散を繰り返す少数民族組織の存在が当事者たちの活力となっているという指摘がある。[58]第三章で詳しく述べるが、定住ビルマ人のなかでも少数民族グループが政治活動への参加に消極的なのは、ビルマ当局による国内の家族への弾圧を危惧していたからである。これは少数民族グループが八八年デモへの参加を躊躇していたのと同様に、「いかに少数民族が抑圧されてきたかを間接的に物語っている[59]」との指摘どおりである。

たとえば、難民認定審査の際に、政治活動より経済活動が難民申請の目的ではないかと、審査官から疑われた経験をもつ少数民族グループの人がいる。金儲けを目的として日本に滞在している訳ではないが、彼・彼女らの多くは国内の家族や国境で避難生活を送る同胞に生活費などを継続的に送っている。[60]在外同胞からの送金なしには生活が困難であったり、高等教育や医療を受けることができない人もいるため、少数民族グループのなかには政治活動に時間を費やすよりも、長時間勤務を選択せざるを得ない人もいる。日本におけるこの行為のみに注目すれば、金儲けばかりしている移住労働者という側面が目に付くかもしれない。だが、そこにはビルマで少数民族グループが置かれている社会的かつ政治経済的な環境が要因となり、日本で金儲けをせざるを得ない事情がある。その点に留意しなければ当事者の行動を生み出す要因は見えてこない。ビルマ国内における少数民族グループを取り巻く問題の理解がなければ定住ビルマ人の行動について誤った認識をもつことになりかねず、この課題を克服するために、本書ではビルマの政情を重視した分析を心がける。

具体的には、第一章と第二章で、越境を生み出す要因を日本とビルマ双方から考察し、その後に定住を長期化する要因を検討する。特に、これまで十分に研究されていない、ビルマの少数民族グループを取り巻く歴史的で潜在的な背景が要因となって、越境をうみだしている点を明らかにするのが本書の特徴である。この点を明らかにすることにより、ビルマ社会で少数民族グループが置かれている環境を把握することが可能となり、それが来日後の当事者の組織活動に与える影響を同時に解明できる。多民族から構成されるビルマ社会では、一九四八年の独立以来、少数民族グループの権利やその居住地の豊富な資源の配分などをめぐる政治経済的な課題が、独立以前からの民族問題と重なり、連邦国家のあり方を左右してきた。バマーを中心とした国家が形成され、そのコインの裏側ではマイノリティ、つまり、少数民族グループや外国につながりをもつ人は、国内移動だけでなく、国外にも流出するようになっていたのである。そして、その後、八八デモを軍事政権が弾圧し、また、開放政策により、さらに多くの人びとが越境するようになり、その流れで一部の人びとが来日するようになった。したがって、定住ビルマ人の政治的な活動には概ねこの二つの課題が絡み合い、少数民族グループは主に連邦国家の実現に向けた活動に取り組んでおり、バマーは主に民主化活動に携わっている。

日本に定住する要因としては、定住ビルマ人が密接にかかわる日本の難民認定制度を中心に分析する。すでに述べたとおり、日本の難民受け入れは消極的であるが、ビルマ出身者だけは積極的に受け入れたという特殊性をもつ。この傾向がより多くのビルマ出身者を難民認定申請に向かわせ、その後の定住の長期化を可能にしたのである。この問いについて、日本側の要因を第一章でさまざまな公的機関および支援弁護士が発表した統計資料、二〇〇五〜二〇一三年に筆者が実施した参与観察および聞き取り調査から得られたデータを用いて考察し、ビルマ側の要因を第二章では二次資料および筆者が二〇〇五〜二〇一三年に実施した参与観察および聞き取り調査から得られたデータを用いて考察する。

2　エスニシティを超えた連帯

次の論点として押さえておきたいのは、本書で特に重視しているビルマのエスニシティの多様性、そして定住ビルマ人の新たなエスニシティを超えた連帯である。受け入れ国において、外国人であることが要因となり、限定的な資源しか活用できない移民にとって、インフォーマルなネットワーク、たとえば、宗教施設、同胞で構成される協会、エスニックレストランやエスニック食材店、自営サービス業などを介して形成されるさまざまな連帯は、コミュニティ形成や定住過程を促進する要因とされる[61]。本書でもこの指摘を重視し、同胞を中心とした互助組織や政治活動を目的とした組織活動に注目し、分析する。その際に、ビルマ特有の多様なエスニシティのあり方を念頭に置き、来日前の経歴から見いだしうる共通点を分類する。来日後の経歴については、定住ビルマ人が結成した組織活動に注目し、その変遷を明らかにし、その間の定住ビルマ人のエスニシティがどのように変容したのかを明らかにする。

在外ビルマ出身者の活動を通した連帯について、それがビルマ国内への経済、政治、そして社会に肯定的な影響を与え、彼らの連帯がビルマ国内の平和構築に貢献する可能性がすでに指摘されている[62]。この指摘はもっともである。しかしながら、活動家と労働者との棲み分けが明確なタイでは、一部の活動家の間にはさまざまな連帯がみられるが、それが大多数の労働者の間で共有されているわけではない[63]。日本定住ビルマ人の連帯に関しては、難民認定の結果の違いがバマーと諸民族を分裂させてしまった[64]、民主化勢力は一枚岩ではなかったが連携し始めている[65]、少数民族グループの方がバマーより堅実で熱心な政治活動を展開しているとの指摘がある[66]。これらの研究では、多くが明らかにされていない定住ビルマ人の日本滞在経験が手に取るようにわかる。ただし、少数民族グループの来日前の経験への言及が少ないため、来日前にはどうであったのか、来日後にはどのような変化があったのか、いかにしてエスニシティを超えた連帯が形成されたのかについては考察されていない。

日本では、二〇〇〇年代中ごろ以降に、定住ビルマ人を取り巻く環境、すなわち組織活動のあり方が大きく変容した点に注目したい。特に、それが以前から存在していた宗教施設や同胞で構成される集まりなどではみられなかった新たな動き、すなわちエスニシティを超えた連帯を生み出し、その行動を通して、定住ビルマ人の意識の変容が把握できるからである。たとえば、筆者が二〇〇五～二〇〇七年に実施したビルマ少数民族コミュニティの調査では、宗教施設がその実践の場であることはもちろんのこと、生活上のさまざまな出来事、困難を宗教施設に集う同胞間で相互に扶助していた。そこでは、同胞との強いつながりが見出せた反面、バマーとの付きあいはほとんど見出せなかった。その他につながりをもっていたのは、主に宗教施設で知りあう日本人や、ごく一部のほかのビルマ出身の少数民族グループ、子どもの学校をつうじて知りあう日本人、そして職場で知りあう諸外国出身の労働者であった。つまり、同じ国の出身であってもバマーとのつながりはほとんどなかったのである。ところが、この時期を前後して、ほかの少数民族グループやバマーと連帯し、定期的に会議を開催し、東京のビルマ大使館前で繰り広げられた抗議活動などに参加するようになったのである。[67] つまり、大使館前の抗議デモへの参加者が増えたという表面的な変化だけでなく、それまで同じビルマ出身であってもまったく別の世界で暮らしていた少数民族グループとバマーが、エスニシティを越えて連帯し、行動をともにするようになったのである。新たな動向には大きな意義をもつ変化を伴っているのである。詳細は次章以降に述べていくが、この新たな動きは、同胞だけが集っていた宗教組織を結節点としたネットワークとは明らかに異なるものであり、注目に値する。

移住先におけるエスニシティの変容については、一九世紀以降にアメリカ西海岸の日系人社会で形成された当事者の意識の変容が示唆的である。なぜなら、定住ビルマ人のなかでも少数民族グループと初期の日系移民とは、国家ではなく出身地域が自己認識を形成する基本構造となっていた点が類似するからである。「移住開始直後の初期移民社会では、「日本人」という属性は決して自明なものではな[68]」く、出身地域にもとづいた「在米〇〇県人会」が機能していた。しかし、ホスト社会の「日系人以外の人々の目には、県人集団別の識別は難しく「日本人（ジャップ）」や「東洋人（オリエンタル）」というカテゴリーに一括されていた」[69]のである。その後、排日運動の副作用として日本人であるという当事者の認識が強化され、また、日本出身者の異業種間の連帯が進み、〇〇県人は滞在の長期化とともに自らを日本人と認識するようになった[70]。県人会組織に帰属していた〇〇県人は、受け入れ国アメリカで社会情勢に呼応して連帯し、その連帯を通して日系人になっていったという経緯がある。これを、日本定住ビルマ人の文脈に当てはめると、来日後に〇〇民族を単位とした組織を結成し、その後に日本の社会情勢の変化に呼応して連帯し、やがて自らを「ビルマ人」そして「ビルマ系」[71]と認識するようになっていくというシナリオが想定できる。

来日前のビルマの少数民族グループは、自分が「ビルマ人」であるという自覚が希薄であった。タイに滞在するモンを対象とした先行研究では、「ビルマ人」としてのナショナル・アイデンティティとモン民族としてのエスニック・アイデンティティとを併存させ、タイ滞在を通してエスニック・アイデンティティを強調していく可能性が示唆されている[72]。ただし、ビルマ出身であること、そして教育現場ではビルマ語を習ったという記述以外に、ビルマ出身者としてのナショナル・アイデンティティをあわせもっていることを証明する記述はない。本書とのかかわりでは、在タイのビルマ出身者の傾向として、明確な帰国への意思をもつバマーとタイへの定着を望む少数民族グループとの対比、そして家庭を持っている場合には、明確な帰国意志を示すビルマ出身者のなかで、モン民族は例え家庭を持っていてもタイへの定着志向が強いとの指摘に注目したい[73]。「ビルマ人」としてのナショナル・アイデンティティが少数民族グループの中に強く備わっているのであれば、タイ滞在はあくまでも一時的なものと捉えるか、せめて状況次第でどうなるかわからないと考えるのではないだろうか。それにもかかわらずタイへの定着を希望するというモンの志向は、ナショナル・アイデンティティ、すなわち「ビルマ人」という意識が希薄なためであると判断できる。

実際、筆者もビルマ出身の少数民族グループには「ビルマ人」としての自覚が希薄だと判断せざるをえない状況に遭遇したことがある。二〇〇〇年代中ごろ、日本人からの呼び掛けに対し戸惑いを見せる少数民族グループの姿を何度か目にしたのである。決定的であったのは「私たちはビルマ人じゃない」とのぼやきを耳にしたことである。日本人にとってはビルマという国から来た人という意味、すなわち「ビルマ出身者＝ビルマ人」と捉えたに過ぎない。しかし、当時の少数民族グループは「ビルマ人」という意識が希薄であったとすれば、このぼやきにも納得がいく。本書で明らかにしていくように、来日前に育んでいた〇〇民族という意識を来日後にも維持しており、それがやがて「ビルマ人」へと変容していったのである。つまり、本書で重視するエスニシティを超えた連帯には、日本における活動の活発化だけでなく、ビルマの中心的な政治課題である民族問題で国民の連帯を体現しているという意図せざる結果がみえてくるのである。デモに参加するビルマ出身者が増加し、反政府運動が活発化したという表面的な変化のみをみていたのではその決定的に重要な意義は見えない。本書でエスニシティを超えた連帯を重視するのは、この動きが人数増加以上の重要な変化として捉えられるべき出来事だと判断できるからである。

ところで、品川のビルマ大使館前のデモに象徴される政治活動について、難民認定を得るための政治パフォーマンスではないかと、難民認定審査の際などに指摘された経験をもつ定住ビルマ人がいる。筆者には一連の行動がパフォーマンスであったのか否かを検証する材料をもちあわせていないが、なぜ少数民族グループが積極的にデモに参加するようになったのかを指摘することはできる。それは、「日本人の「常識」のありかた[74]」を見抜いた少数民族グループの生き残りのための戦略だったという側面がある。つまり、日本人の「常識」として、「ビルマ」「アウンサンスーチー」「民主化デモ」というつながりは容易に結びつくが、少数民族グループにとってより関心の強い「連邦制」「パンロン協定（後述）」「平等な権利の要求」などは理解されない。それを見越して、バマーとともに共通の政治課題である民主化の要求を掲げたのである。もちろん、当事者がビルマの民主化を望み、そのための運動の必要性をより一層認識するに至ったという側面もある。この点を含みつつ、民主化運動への理解はあるが、少数民族グループがビルマ国内でおかれた差別的な環境を認識していない日本の難民認定審査機関の状況を見越して行動したのは間違いない。本書では、このような観点から日本定住ビルマ人のエスニシティを超えた連帯の実態を考察する。

以上のエスニシティを超えた連帯の議論を、第三章、第四章で取り上げる。第三章では来日前の少数民族グループのエスニシティをその居住パターンから三つに分類し、それぞれのエスニシティの特徴を提示する。そして、第四章ではこの議論を参考に、これまで詳細には触れられていなかった少数民族組織にも注目し、その組織の活動経緯を考察することで、特に少数民族グループの意識の変容を捉える。一九八八年から二〇一三年にかけての四半世紀にわたる定住ビルマ人の組織活動を、その特徴から五つの時期に分け、そこから定住ビルマ人の何が変容したのかをみいだす。エスニシティの変容で例に挙げた日系アメリカ人研究の対象期間は、二〇世紀初頭から一九六〇年代にかけての半世紀以上で、本書の対象期間である四半世紀の倍以上である。この点を考慮し、本書で明らかにしていくエスニシティを超えた連帯から「ビルマ系日本人」誕生の可能性を問うものである。

3　日本社会とのかかわり

三点目は、定住ビルマ人と日本社会のかかわりについて、特に滞在が長期化している定住ビルマ人の将来的な展望を含む選択を分析する。先行研究では、定住ビルマ人を難民認定制度の枠内で捉え、その関連法制度の不備やそれが定住ビルマ人に与える影響などが考察されている。定住ビルマ人の多くは、難民認定制度を通して在留資格を得ており、関連の法制度のあり方が当事者の行動に影響を与えることから、これらの考察は不可欠である。たとえば、日本の難民認定制度については、その手続き過程における申請者の権利保障が不十分との指摘がある。[75] 筆者も別稿において韓国との比較を通し、日本の難民制度が臨機応変に対応できない点や、そもそも人権擁護の考えが乏しい面を指摘している。[76] ただし、これらの指摘では、当事者の苦悩は明らかになるが、その経験が生み出す社会的な意義は明らかにならない。そこで、本書では定住ビルマ人を制度内で翻弄される人びとと捉えるのではなく、主体的な存在として捉え、当事者にとって日本における経験がもつ意味を考察する。つまり、定住ビルマ人は日本社会を構成している一員であるという観点から日本社会との関係を明らかにしようという試みである。本書で特に注目するのは、八八デモから四半世紀を経て、定住ビルマ人が日本社会で見出してきた居場所であり、日本社会の構成員としてのあり方を確認することである。

先行研究では定住ビルマ人と日本社会とのかかわりについて「vintages：ヴィンテージ」が生じているとの指摘がある。[77] ヴィンテージとは、難民の移住先での特徴として、出国の時期や背景、社会的な属性などによって、同じ国の出身者であっても移住先では異なる社会的なグループを形成する傾向を指し、それがしばしば移住先での政治の分裂や衝突をきたす要因であると指摘されている。[78] 複雑な政治背景をもつ難民にとっては必然的な帰結であるともいえるが、日本社会における長期にわたる滞在の結果という形で現れる基本的な傾向としておさえておく必要がある。ただし、本書では定住ビルマ人のコミュニティにおける分裂の詳細を分析するよりも、そのような異なる背景をもっていても、来日後に形成された組織の活動を通してエスニシティを超えた連帯が育まれていった経緯、その延長線上にある「ビルマ系日本人」誕生の可能性を考察する。

移住者の組織化の主な目的は、受け入れ社会における市民権獲得であり、諸外国では当事者が主導する場合が多い。しかし、外国人に対して閉鎖的だといわれている日本では、逆に日本人が超過滞在者を支援するケースが圧倒的に多い点が指摘されている。[79] ところが、定住ビルマ人の組織活動はこれらの指摘とは異なり、当事者が主導しているケースがほとんどで、さらに、その活動は本国ビルマの政情改善に重点をおいた組織が多い。このような定住ビルマ人の組織活動の傾向の中にありながら労働組合が新たに結成されたとの指摘がある。[80] 政治活動が中心の定住ビルマ人の組織のなかで、定住過程における問題に取り組む数少ない組織を紹介したもので、定住ビルマ人の将来的な生活の展望を見据えた意義ある動きであると捉えられている。しかし、本書で明らかにするように、定住過程における問題に取り組むビルマ出身者の組織がなかったわけではない。定住ビルマ人の組織活動では本国ビルマの政治的課題への取り組みを目的としたものが多く存在していたが、その政治活動と並行して、定住ビルマ人の生活を支えていた組織が存在していたのも事実である。たとえばそれは、バマーの場合は女性組織であり、少数民族グループの場合は「非政治」活動組織であった。これらの組織が、雇用問題、住居、医療、二世の教育などにかかわる問題に取り組んでいたのである。つまり、政治活動を目的とした組織だけでなく、定住ビルマ人は相互扶助的な組織も来日当初から形成していたが、日本社会からは不可視であったのだ。これらの点を含め、本書では、定住ビルマ人の組織活動の経緯、および、ビルマの「民政移管」後に実施されたアンケート調査を分析し、この四半世紀の間に彼／彼女らが日本社会でどのように居場所を確保してきたのかを明らかにする。そして、それは定住ビルマ人社会の将来にどのような意義を与えるのかを考察する。具体的には、第三章および第四章で来日前後の当事者の意識の変容を考察し、第五章で四半世紀を経た定住ビルマ人の将来の生活基盤に関する選択を明らかにする。

二〇〇〇年代の超過滞在者半減キャンペーンや二〇一二年七月に導入された新たな在留資格制度により、日本では外国人を在留資格の有無で選別し、資格を持たない超過滞在者を排除していく傾向が強化されている。この動きの中に定住ビルマ人を位置づけると、すでに有効な在留資格を得ている人が多いことから、直近の排除の対象ではないと捉えてよいだろう。しかし、在留資格の種類に目を向けると、「永住者」資格よりも不安定な「定住者」資格で暮らしている定住ビルマ人が多い。「永住者」資格には滞在期間の制限はないが、「定住者」資格や「特別活動」資格は決定された期間ごとに法務省入国管理局（以下、入管）の担当部署に出向き、資格延長の手続きを取らなければならない。必ず申請が受理されるという保障はなく、延長手続きの度に申請が拒否されるのではないかと不安を抱える定住ビルマ人は少なくない。このように不安定な状態にある定住ビルマ人が、より安定した在留資格の取得を望むことは当然であろう。

安定的な在留資格に加えて、将来的な定住を望むビルマ人にとって、安定した法的地位を得るための方策の一つとして日本国籍取得への関心が高まっている。インドシナ難民のなかには、在留資格に課せられる制限に縛られるよりも自由に海外に出られる利便性を重視し日本国籍を取得している人がいる。そこには在日コリアンにみられていた「自己の民族性を捨てて『日本人』になる」という構えはないという[81]。難民という立場であるために簡単に帰国できない定住ビルマ人にとって、日本国籍の取得にいたる経緯が、インドシナ難民のそれと類似するのは想像に難くない。

詳細は第五章で分析するが、定住ビルマ人の日本国籍取得傾向には注目に値する動きがみられる。定住ビルマ人には、事実上の、または、法律上の無国籍者がいる。本国ビルマでは公式記録が残されているはずであるが、日本で難民認定制度を利用したことにより大使館と疎遠になり、国政選挙の投票用紙が配達されないなど、ビルマ国民としての権利を享受できないケースなどが該当する。超過滞在状態であったことなどを理由に、親が出生手続きをしなかった日本生まれのビルマ難民二世の場合はより深刻である。日本は出生地主義を採っていないため、これらの子どもが日本国籍を得ることはない。つまり、どこの国からも国民と認められていない法律上の無国籍状態となっているのである。このような定住ビルマ人が将来を見据え、例え方便であっても日本国籍を取得した方がよいと考える親がいても不思議ではない。本書では、定住ビルマ人が日本に安定的に滞在するため不可欠な在留資格および日本国籍の取得傾向について、関連統計、アンケート調査、聞き取り調査を利用し、当事者の将来的な選択を分析する。定住ビルマ人の将来を考察することはまた、日本に定住する外国人のあり方、さらに、日本人のあり方に示唆を与えることにもなる。

本書は、日本定住ビルマ人の意識の変容、「ビルマ系日本人」誕生の可能性を考察することを目的に、以上の三つの問いに答えていく。その際、主に少数民族グループの視点から考察を進めるが、バマーより少数民族グループを重視すべきとの立場をとっているわけではない。これは、従来明らかにされていなかった少数民族グループに注目することによって、バマーとの間に育まれているエスニシティを超えた連帯を実証的に証明し、そこに見出せる意義を明確にするためには、不可欠な視座だと考えるためである。本書の結論は、日本定住ビルマ人研究への貢献とともに、将来の日本およびビルマの両国にとって定住ビルマ人、または、「ビルマ系日本人」がいかに重要な存在になりうるかを提示し、さらに日本社会における必然的な変容を通して、外国人／日本人とは誰かを考える契機となるであろう。

注

（1）S・カースルズ、M・J・ミラー著、関根政美、関根薫監訳『国際移民の時代　第四版』名古屋大学出版会、二〇一一年、九―一四頁。

（2）同上：一二―一三頁。

（3）古田元夫「アクチュアリティー――「難民」報道の落とし穴」小林康夫、船曳建夫編『知の技法』東京大学出版会、一九九四年、一八四―一九五頁。

（4）日本人の海外移住の始まりは、一八六八年（明治元年）に、横浜からハワイに渡った約一五〇名が「元年者」とする考え方、一八六六年に幕府がだした「御免の印章」を開国の象徴とし、一八五三～一八八四年を海外渡航のはじまりの時期と捉える考え方などがある。移民船による海外移住は、一九七三年に横浜港を出航した「にっぽん丸」が最後となった（中牧弘允「日本人の海外移住　開国からデカセギの逆流まで」庄司博史編著、国立民族学博物館編集『多みんぞくニホン――在日外国人のくらし』財団法人千里文化財団、二〇〇四年、二五―二九頁）。

（5）田中宏『在日外国人第三版――法の壁、心の溝』岩波書店、二〇一三年、六四―六六頁。

（6）外村大「安定成長期日本の外国人労働者――グローバリゼーション下の移動の胎動」『アジア太平洋討究』二〇、二〇一三年、二七七―二九一頁。

（7）一九～二〇世紀に東南アジア諸国で性産業に従事するために渡った日本人女性「からゆき」さんを真似て作られた言葉である。用語として出てきたのは一九八五年になってからであるが、入管職員は一九七九年を「じゃぱゆきさん元年」と表現していた（外村大、二〇一三年、二八五―二八六頁）。

（8）法務省入国管理局「平成二八年末現在における在留外国人数について（確定値）」『法務省ホームページ』http://www.moj.go.jp/nyuukokukanri/kouhou/nyuukokukanri04_00065.html、二〇一七年五月七日閲覧。

（9）田中宏、二〇一三年、一六一―一八六頁。

（10）梶田孝道『外国人労働者と日本』日本放送出版協会、一九九四年、三三一―五三頁。

（11）梶田孝道ほか『顔の見えない定住化』名古屋大学出版会、二〇〇五年。

（12）一九九二年に在日ビルマ人難民申請弁護団が設立された。二〇一〇年六月までに約六〇〇名のビルマ出身者の難民申請を扱い、うち一八〇名が難民認定、約二六〇名が難民とは認められなかったものの人道配慮等による在留特別許可を得ている（在日ビルマ人難民申請弁護団ホームページ http://www.jlnr.jp/burmalawyers/index.html、二〇一三年一一月二一日閲覧）。

（13）Banki, Susan. 2006. "The Triad of Transnationalism, Legal Recognition, and Local Community: Shaping Political Space for the Burmese Refugees in Japan". Refuge. 23:2 (Winter), pp.36-46.

（14）一般には、カレン民族、カレン族、またはカレン人と表記されるが、本書ではカレンという人びとを指していることが明らかな場合は、単にカレンと表記する。不明な場合にはカレン民族とする。そのほかの民族についても同様に、シャン（またはシャン民族）、カチン（またはカチン民族）、モン（またはモン民族）などと表記する。

（15）移民が使われる場合もある。たとえば自民党の外国人材交流推進議員連盟では二〇〇八年六月一二日に「移民一〇〇〇万人受け入れ」を提言、日本経済団体連合会は二〇〇八年一〇月一四日に発表された「人口減少に対応した経済社会のあり方」で「日本型移民政策」を検討している。

（16）例えば、二〇一七年九月現在、東京都新宿区および港区では「外国人住民」、神奈川県では「外国籍県民」、大阪府大阪市や東大阪市では「外国籍住民」を使用している。

(17) 二〇一〇年の外国人登録統計では一二三四名が「無国籍」として登録されているが、実際にはこの数字より多いと考えられている(NPO法人無国籍ネットワーク「無国籍者Q&A」『NPO法人無国籍ネットワークホームページ』http://statelessnetwork.sakura.ne.jp/wp/?page_id=58、二〇一七年五月七日閲覧)。また、世界には約一〇〇〇万の無国籍者がいると推計される(国連難民高等弁務官事務所「数字で見る難民情勢(二〇一五年)」『国連難民高等弁務官事務所ホームページ』http://www.unhcr.or.jp/html/ref-unhcr/statistics/index-2016.html、二〇一七年五月七日閲覧)。

(18) 近藤敦『[新版]外国人参政権と国籍』明石書店、二〇〇一年、一五頁。

(19) 福田佳彦「ドイツの国籍法改正と二重国籍問題」神奈川大学経営学部『国際経営論集』二〇〇一年、一七五―二〇一頁。

(20) トーマス・ハンマー著、近藤敦訳『永住市民(デニズン)と国民国家――定住外国人の政治参加』明石書店、一九九九年。

(21) S・カースルズ、M・J・ミラー、二〇一一年、一三一―一三三頁。

(22) ただし、それまで認められていなかった未婚カップルの子について、日本人の父または母が一定期間内に届け出れば日本国籍を取得できるという改正(国籍法第三条の国籍取得届)が二〇〇八年になされた。

(23) 田中宏「おわりに」土井たか子編『「国籍」を考える』時事通信社、一九八四年、二一九頁。

(24) 「平成二年法務省告示第一三二号」で定住者の地位が定められた。

(25) 渕上英二「偽日系人を生み出す社会」『日系人証明――南米移民、日本への出稼ぎの構図』新評論、一九九五年、四九―五四頁。

(26) 高橋秀実『にせニッポン人探訪記――帰ってきた南米日系人たち』草思社、一九九五年、八九―一〇〇頁。

(27) 早尾貴紀の議論を参考にした(『ユダヤとイスラエルのあいだ　民族/国民のアポリア』青土社、二〇〇八年、二四―三四頁)。

(28) 高橋秀実、一九九五年、一九五頁。

(29) 高橋秀実、一九九五年、一九九頁。

(30) 綾部恒雄「民族について」綾部恒雄監修『世界民族事典』弘文堂、二〇〇〇年、一五頁。

(31) 古田元夫『ベトナム人共産主義者の民族政策史――革命の中のエスニシティ』大月書店、一九九一年、一三頁。

(32) 石田智恵「一九九〇年入管法改正を経た〈日系人〉カテゴリーの動態――名づけと名乗りの交錯を通して」立命館大学大学院先端総合学術研究科『Core Ethics』五、二〇〇九年、一―一〇頁。

(33) 内堀基光「民族論メモランダム」田辺繁治編『人類学的認識の冒険――イデオロギーとプラクティス』同文舘、一九九八年、二八―三二頁。

(34) 同上、三三―三八頁。

(35) 石田智恵、二〇〇九年、一—一〇頁。
(36) 李洙任「コリア系日本人の再定義　「帰化」制度の歴史的課題」駒井洋監修、佐々木てる編著『マルチ・エスニック・ジャパニーズ　○○系日本人の変革力』明石書店、二〇一六、一〇八—一二九頁。
(37) 在日コリアン弁護士協会(Lawyers' Association of ZAINICHI Korean: ＬＡＺＡＫ)の主催で開催された。ＬＡＺＡＫホームページ http://www.lazak.jp/report.html （二〇一三年九月二四日閲覧）によれば約一五〇名が参加した。
(38) 白井美由紀『日本国籍をとりますか？　国家・国籍・民族と在日コリアン』新幹社、二〇〇七年、八—九頁。
(39) 日系南米人のように、「定住者」の資格を持ちつつ本国と日本とを行き来しながら生活しているケースや、子どもの教育を出身国や第三国で受けさせるために片親と子が一定期間、日本にいないケースなどもある。
(40) 法務省入国管理局「我が国における難民庇護の状況等」『法務省ホームページ』http://www.moj.go.jp/content/001221347.pdf、二〇一七年五月七日閲覧。
(41) 市野川容孝「難民とは何か」市野川容孝、小森陽一『思考のフロンティア　難民』岩波書店、二〇〇七年、七三—九一頁。
(42) 青柳まちこ編・監訳『「エスニック」とは何か　エスニシティ基本論文選』新泉社、二〇〇三年、八—九頁。
(43) 伊東利勝「官製民族世界の形成」伊東利勝編『ミャンマー概説』めこん、二〇一一年、六八三—六八七頁。
(44) 一九八八年一〇月に出現した国家法秩序回復評議会は、国民の大義・責務として、「連邦崩壊の阻止」「諸民族の分裂阻止」「国家主権の確保」を掲げた（伊東利勝ほか「ミャンマー的国民国家の枠組（政治）」伊東利勝編、二〇一一年、四一—四三頁）。
(45) 古田元夫『ベトナムの世界史　中華世界から東南アジア世界へ』東京大学出版会、一九九五年、四—五頁。
(46) 南川文里「エスニシティ概念の現代的位相」マイグレーション研究会『エスニシティを問いなおす　理論と変容』関西学院大学出版会、二〇一二年、一八—二二頁。
(47) 古田元夫、一九九五年、五頁。
(48) ビルマ語では原住諸民族の意味がある「タインインダー」が使用される。
(49) 池田一人「カレンの二〇年、民族の一世紀」アジア経済研究所『アジ研ワールド・トレンド』第一五五号、二〇〇八年、一八—二一頁。
(50) 高谷紀夫『ビルマの民族表象』法蔵館、二〇〇八年、二二四—二四九頁。
(51) "Nationals such as the Kachin, Kayah, Karen, Chin, Burman, Mon, Rakhine or Shan and ethnic groups as have settled in any of the territories included within the State as their permanent home from a period prior to 1185 B.E., 1823 A.d. are Burma Citizens."Working People's Daily (Saturday, 16 Oct., 1982), "Burma Citizenship Law", The Public's Library and Digital Archive-Homepage, http://www.

ibiblio.org/obl/docs/Citizenship%20Law.htm、二〇一三年一一月一〇日閲覧。

(52) 根本敬「ビルマ・アラカン州におけるロヒンギャー問題に関する予備的考察」荒井悦代編『東部南アジア地域の地域関係研究会中間成果報告』アジア経済研究所、二〇〇四年、一九一—二〇八頁。

(53)「〇〇系日本人」に関する議論は以下の文献を参考にした。駒井洋監修、佐々木てる編『マルチ・エスニック・ジャパニーズ　〇〇系日本人の変革力』明石書店、二〇一六年。

(54) 例えば、久保忠行『難民の人類学——タイ・ビルマ国境のカレンニー難民の移動と定住』清水弘文堂書房、二〇一四年、Than Than Aung. 2007 "Myanmar Migrant Society in Bangkok Metropolis and Neighboring Region"、佐々木衛編著『越境する移動とコミュニティの再構築』東方書店、二〇〇七年、一五七—一七二頁、和田理寛『民族共存の制度化へ、少数言語の挑戦　タイとビルマにおける平地民モンの言語教育運動とそれを支える仏教僧』風響社、二〇一六年、木村自『雲南ムスリム・ディアスポラの民族誌』風響社、二〇一六年など。

(55) 例えば、市川政雄「難民トラウマと精神的ストレス——在日ビルマ人難民申請者の場合」『法と民主主義』三三三、一九九八年、五二—五七頁、人見泰弘「滞日ビルマ系移民の移住過程をめぐって」『アジア遊学』一一七、勉誠出版、二〇〇八年、一〇七—一一三頁、三竹直哉「民主化支援策としての難民政策——在日ビルマ人難民の政治キャピタル形成（一）」『駒澤法学』一〇—一（三七）、二〇一〇年（a）、五五—六〇頁など。

(56) 倉真一「国際移民の多様性とエスニックな連帯——日本におけるビルマ出身者を事例に」『年報筑波社会学』第一〇号、一九九八年、五八—九四頁。

(57) 移住労働者と連帯する全国ネットワーク『Mネット　特集　在日ビルマ難民の現在・過去・未来』一五〇、二〇一二年、三—五頁。

(58) 田辺寿夫「ビルマ出身者ディアスポラはいま　在日ビルマ人の思想と行動」駒井洋監修『南・東南アジアのディアスポラ』明石書店、二〇一〇年、一一二—一三五頁。

(59) 伊野憲治「ミャンマー民主化運動と少数民族問題」『思想』八五〇、岩波書店、一九九五年、一一四—一三八頁。

(60) 在タイのビルマ人労働者による送金が一年間で三六億ドルに上るとの試算がなされている（久保公二「ミャンマー人移民労働者の地下送金手段の変容」アジア経済研究所『アジ研ワールド・トレンド』第二四五号、二〇一六年、三一頁）。

(61) S・カースルズ、M・J・ミラー、二〇一一年、三四—三八頁。

(62) Brees, Inge. 'Burmese Refugee Transnationalism: What Is the Effect?". *Journal of Current Southeast Asian Affairs*, 2009, 28-2. pp.23-46.

（63）二〇一二年二月二七日、在タイのビルマ人労働者支援団体ＭＡＰ事務所にて実施した聞き取り調査より。
（64）Banki, Susan. 2006
（65）人見泰弘「ビルマ系難民の政治組織の形成と展開」北海道社会学会『現代社会学研究』二〇、二〇〇七年、一―一八頁。
（66）三竹直哉「民主化支援策としての難民政策――在日ビルマ人難民の政治キャピタル形成（二・完）」『駒澤法学』一〇―二、二〇一〇年（ｂ）、五六―五八頁。
（67）梶村美紀「ビルマ難民の滞日経験――カチン難民申請者の視点を中心として」東南アジア学会事務局『東南アジア学会会報』第九三号、二〇一〇年、一六―一七頁。
（68）南川文里『日系アメリカ人の歴史社会学――エスニシティ、人種、ナショナリズム』彩流社、二〇〇七年、二三五頁。
（69）同上、六三頁。
（70）同上、二三二―二三三頁。
（71）「ビルマ人」および「ビルマ系」と「」を付けた場合は、ビルマという国家の成員としての意識をそなえた人を指す。
（72）橋本（関）泰子「タイにおけるミャンマー人労働者のエスニシティとナショナリティ――モーン族の事例を中心に」佐々木衛編著、二〇〇七年、一三九―一五五頁。
（73）同上、一五〇―一五一頁。
（74）古田元夫、一九九四年、一八七頁。
（75）山本理絵「難民認定における申請者の手続的権利保障――行政手続段階を中心に」『立命館法政論集』第一〇号、二〇一二年、一―三八頁。
（76）梶村美紀、二〇〇七年。
（77）三竹直哉、二〇一〇年（ａ）、五六―五七頁。
（78）Kuntz, Egon F.1981. "Exile and Resettlement: Refugee Theory". *International Migration Review* 15 (1), pp.42-51.
（79）Apichai, W. Shipper. 2008.Democracy of Illegals: Orgnizing Support for Illegal Foreigners. *Fighting for Foreigners: Immigration and its Impact on Jaanese Democracy.* Corness Universty Press. pp.88-127.
（80）人見泰弘、二〇〇七年、一三―一四頁。
（81）川上郁夫、二〇〇五年、一九一―一九三頁。

第一章　日本の法制度と定住ビルマ人

本章では、日本定住ビルマ人に関連する法制度および政策を概観し、それらが当事者に与える影響を考察する。さらに、生活者としての姿をイメージできるよう定住ビルマ人の日常生活を概観する。具体的には、まず在留外国人の統計から本書が考察対象とする日本定住ビルマ人の特徴をつかむ。そして難民認定制度の推移から、なぜ多くのビルマ出身者が定住するようになったのかを考察し、二〇〇五～二〇一三年に筆者が実施した参与観察および聞き取り調査から定住ビルマ人の日常生活を考察する。定住傾向が強く、日本社会を構成する定住ビルマ人に関連する統計および制度の考察は、今後の定住ビルマ人研究に役立つと思われる。

一　在留資格統計とビルマ出身者

日本に滞在する外国人は、入管難民法によって規定されている在留資格を得る必要がある。その在留資格は、就労、教育、観光などの活動を目的とした資格を規定した「別表第一」と、永住者や日本人の配偶者など身分を保障する資格を規定した「別表第二」とに大別される。一人につき一種類の在留資格しか認められないため、複

表2　ビルマ出身者の在留資格（「別表第2」）　　2016年末現在、単位：人

「永住者」	1,895
日本人の配偶者	381
「永住者」の配偶者等	118
「定住者」	2,392
合計	4,786

出典：在留外国人統計2016年12月末（「国籍・地域別　在留資格〈在留目的〉別　在留外国人」http://www.e-stat.go.jp/SG1/estat/List.do?lid=000001177523、2017年6月1日閲覧）。

数の在留資格に当てはまる場合は、在留期間が比較的長く、活動制限がそれほど厳しくない「別表第二」の在留資格が優先される。通常、有効期限が設けられているが、「永住者」の在留資格にはその制限がないため、長期に滞在する外国人はその取得を望む人が多い[1]。各資格の取得者数は、各市町村の自治体に届けられた登録者を入管が管理し、国籍（出身地）や登録をした都道府県別に、在留資格、性別、年齢などを集計している。

二〇一二年七月に入管難民法が改正され、二〇一一年末まで「登録外国人統計」とされていたその統計は、二〇一二年末分から「在留外国人統計」に変更された。改正後には、日本に在留する外国人が滞在期間によって管理されるようになり、中長期在留者[2]には「在留カード」が、特別永住者には「特別永住者証明書」が交付されるようになった。観光や親族訪問などを目的とした短期滞在者、外交、公務の該当者にはこれらの書類は交付されない。また、有効な在留資格を得ていない人は、統計に含まれなくなった。

以下では、ビルマ出身者の在留資格別の人数を概観する。二〇一六年末現在の在留資格統計によると、「在留カード」や「特別永住者証明書」が交付されない外交官なども含む登録者総数は一万八一八〇人となっている。そのうち、九七・八%にあたる一万七七七五人が中長期在留者として登録されている[3]。この一万七七七五名のうち、七三・〇%にあたる一万二九八九名が活動目的にそった在留資格（「別表第一」）を有し、二七・〇%にあたる四七八六名が身分または地位に関する在留資格（「別表第二」）を有する。

まずはビルマ出身者四七八六名が保有する「別表第二」の在留資格の種類を概観する（表2）。この在留資格は、身分または地位に関する「永住者」、日本人の配偶者等、「永住者」

図 1　ビルマ出身者の在留資格（別表第 2）の推移（単位：人）

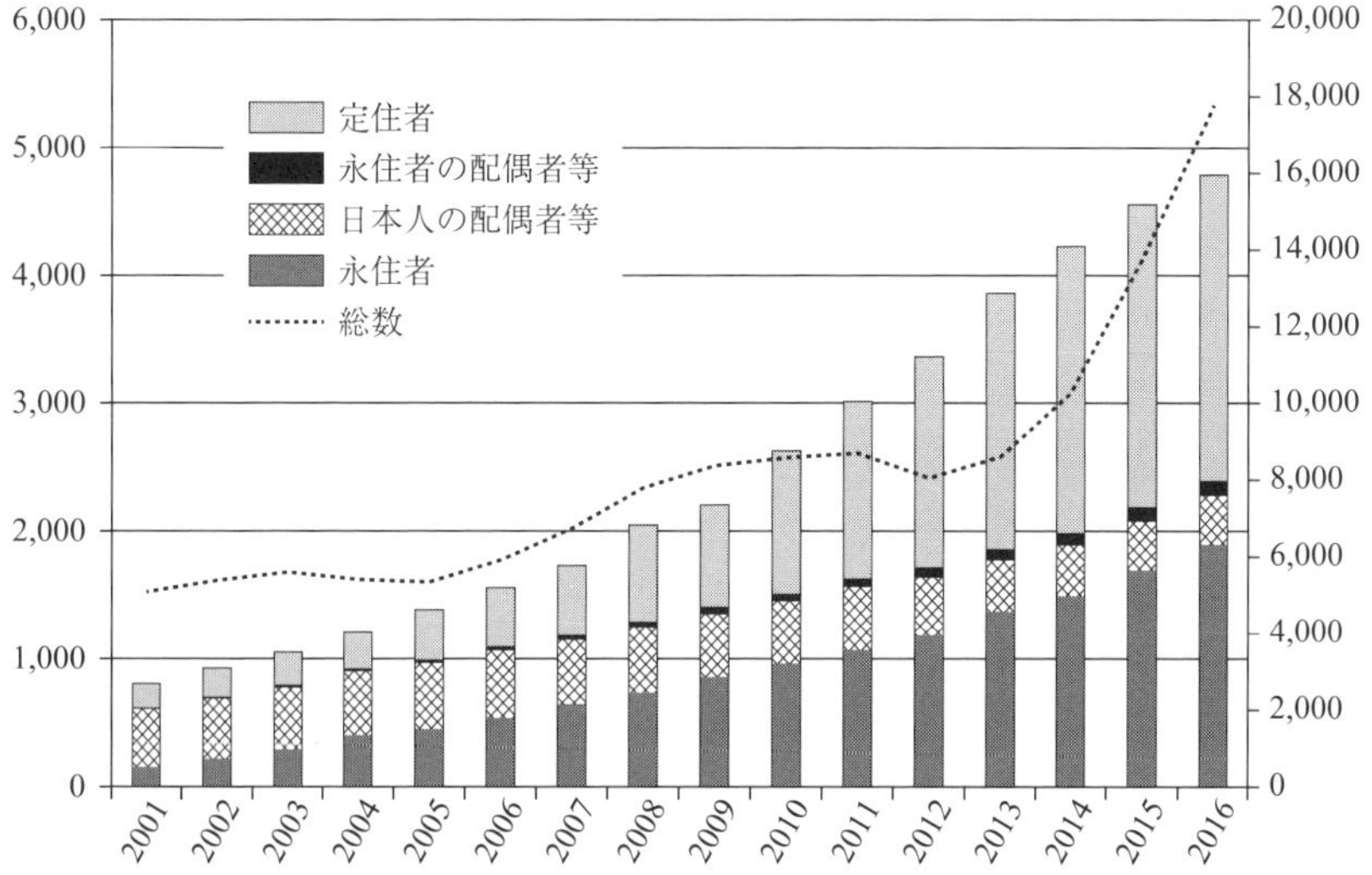

出典：入管協会『在留外国人統計　平成 14〜28 年版』、在留外国人統計 2016 年 12 月末（「国籍・地域別　在留資格（在留目的）別　在留外国人」 http://www.e-stat.go.jp/SG1/estat/List.do?lid=000001177523、2017 年 10 月 10 日閲覧）。

の配偶者等、「定住者」の四種類がある。[4] これらの在留資格を取得している定住ビルマ人はいずれも増加傾向にあり、特に「永住者」と「定住者」が二〇〇〇年代中盤以降飛躍的に増加している。

これら四つの在留資格には活動の制限がなく、特に「永住者」資格は、長期にわたり日本に生活拠点をおく外国人の多くが最終的に所有する在留資格となっている。インドシナ難民、日系南米人、中国残留邦人などに付与されていた「定住者」資格は、難民として認定されると付与される在留資格であり、こちらもある程度の期間にわたり日本に滞在することが前提になっているといえる。「定住者」の在留は、五年、三年、一年、六か月、または、五年を超えない範囲で法務大臣が個々に指定する期間とされている。定住ビルマ人の多くは一年、または、三年の資格を有しているが、更新の度に却下されないかとの心配や、更新料を支払わなければならないなどのデメリットがある。そのため、条件が整えば在留資格の更新手続きが不

表3　ビルマ出身者の在留資格（「別表第1」）

2016年末現在、単位：人

教授	30	興行	2
宗教	20	技能	41
高度専門（注1）	4	技能実習（注2）	3,960
経営・管理	98	文化活動	22
医療	3	留学	4,553
研究	8	研修	43
教育	0	家族滞在	586
技術・人文・国際	1,798	特定活動（注3）	1,694
企業内転勤	127	計	12,989

注1 高度専門職1号イ3名、同ロ1名を合計した人数。
注2 技能実習1号イ62名、同ロ2,274名、技能実習2号イ22名、同ロ1,602名を合計した人数。
注3 家事使用人8名、医療滞在・同伴者6名、高度人材本人1名、その他1,679名を合計した人数。
出典：在留外国人統計2016年12月末（「国籍・地域別　在留資格（在留目的）別　在留外国人」http://www.e-stat.go.jp/SG1/estat/List.do?lid=000001177523、2017年6月1日閲覧）。

要な「永住者」資格の取得を望む定住ビルマ人は少なくない。また、「永住者」資格があれば銀行融資などが可能になるため、不動産購入の際などに有利になり、生活上の利便性も高まることも変更を望む理由として挙げることができる(5)。

次にビルマ出身者一万七七七五名が保有する「別表第一」の在留資格の種類を概観する（表3）。移民受け入れを認めないといわれる日本であるが、いわゆる専門職に限っては多様な職種の労働者を受け入れており、就労や教育目的で滞在するビルマ出身者の数を確認できる。二〇一六年の統計では、留学、技能実習、特定活動、技術・人文知識・国際業務の在留資格を有する定住ビルマ人が特に多い。特定活動は細かく分かれており、特定研究等及び情報処理（本人・家族）、家事使用人、ワーキングホリデー(6)、アマスポーツ選手（本人・家族）、インターンシップ、EPA（Economic Partnership Agreement）対象者（本人・家族）、医療滞在・同伴者、高度人材（本人・家族・家事使用人）、「その他」が対象となる。ビルマ出身者は「その他」の該当者が大半を占める。次節で詳細を述べるが、この特定活動「その他」は、在留特別許可を受けた場合などに付与される資格である。難民認定制度の審査結果として「人道配慮による在留特別許可」が認められた人にも付与されることから、この在留資格を得ている定住ビルマ人が突出して多い。特定活動の在留資格を得た場合は、個々

表4　ビルマ出身者の在留都道府県

総数 17,775　　2016 年末現在、単位：人

北海道	217	石川	168	岡山	148
青森	22	福井	120	広島	208
岩手	60	山梨	9	山口	31
宮城	135	長野	92	徳島	47
秋田	7	岐阜	358	香川	113
山形	31	静岡	642	愛媛	30
福島	189	愛知	964	高知	30
茨城	281	三重	249	福岡	369
栃木	306	滋賀	108	佐賀	56
群馬	460	京都	127	長崎	78
埼玉	686	大阪	449	熊本	128
千葉	765	兵庫	313	大分	93
東京	8,428	奈良	111	宮崎	103
神奈川	627	和歌山	9	鹿児島	25
新潟	140	鳥取	46	沖縄	69
富山	54	島根	74	未定・不詳	0

出典：在留外国人統計 2016 年 12 月末「都道府県別　国籍・地域別　在留外国人」http://www.e-stat.go.jp/SG1/estat/List.do?lid=000001177523、2017 年 6 月 1 日閲覧。

のケースによって活動が制限され、先に述べた「定住者」資格と異なり家族の呼び寄せはできない。家族を呼び寄せたければ、特定活動資格取得後三年を経て「定住者」など家族呼び寄せの可能な在留資格に切り替える必要がある。その他に登録人数が多いのが、技術・人文知識・国際業務の在留資格取得者である。在留外国人を管轄する法務省では、機械工学等の技術者、通訳、デザイナー、私企業の語学教師などが想定されている。[7] 日本の大学や専門学校等で日本語および専門知識を学んだ後に、そのまま日本で就職した定住ビルマ人が多く得ている在留資格である。その他、専門職についている場合や、家族滞在[8]の在留資格を得て滞在するビルマ人は、長期滞在する可能性が高い。収入の伴わない在留資格（技能実習、文化活動、留学、研修）で滞在する人のなかにも、将来的に日本定住する可能性がある人が含まれる。

　都道府県別の統計（表4）に目を向けると、東京都に登録しているビルマ出身の中長期滞在者は八四二八名で、全体総数一万七七七五名の四七・四％にあたる。就労および就学の機会が高い東京が生活の拠点となっている様子がう

図2　ビルマ出身者の年代別・性別人数（2016年末現在、単位：人）

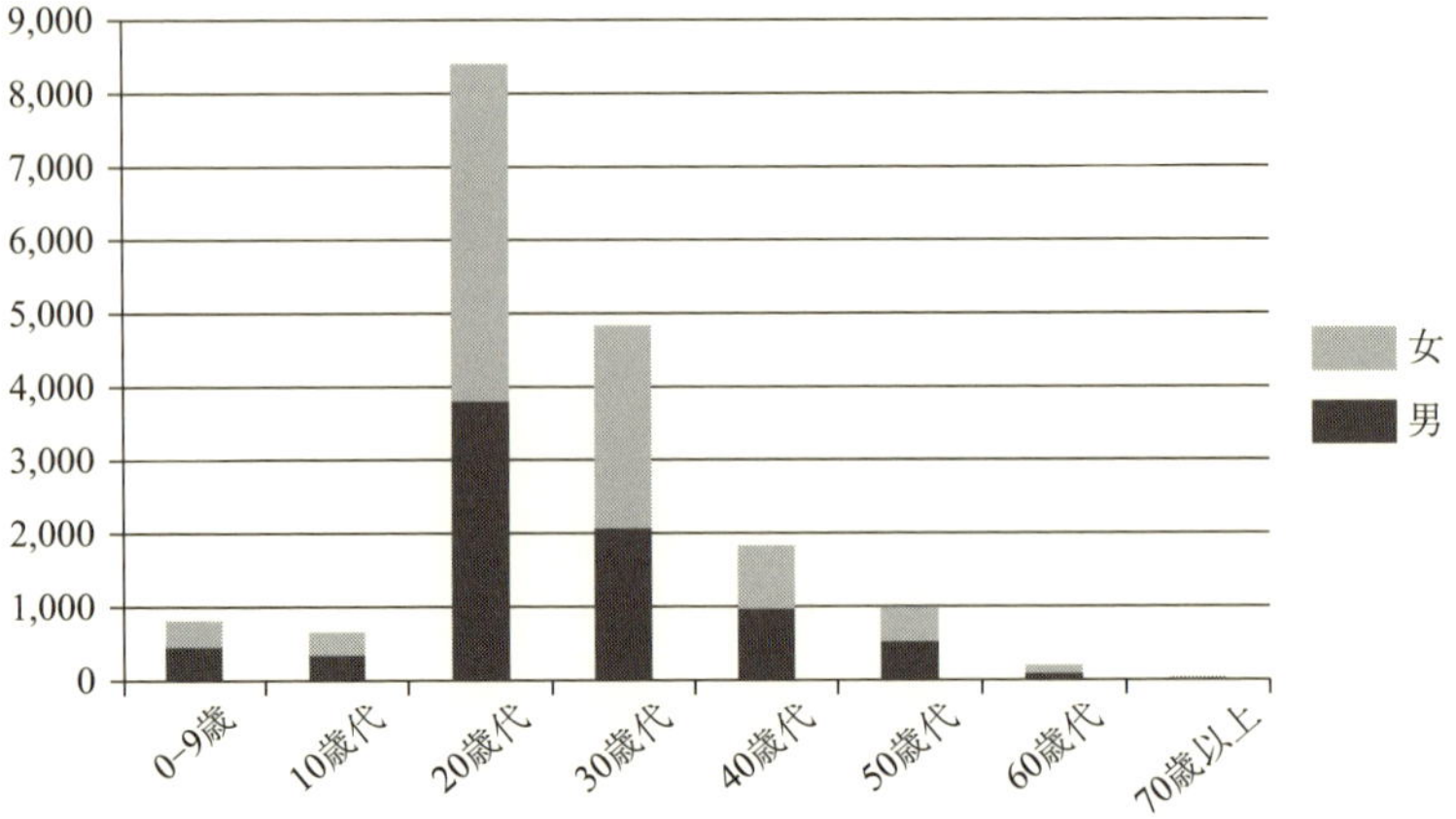

出典：在留外国人統計 2016 年 12 月末（「国籍・地域別　年齢・男女別　在留外国人」http://www.e-stat.go.jp/SG1/estat/List.do?lid=000001177523、2017 年 10 月 4 日閲覧）

かがえる。また、家賃が東京よりも安く、東京都内へのアクセスもよいことから東京の近隣県に居住するビルマ出身者も多い。登録者数は、神奈川（六二七名）、埼玉（六八六名）、千葉（七六五名）、茨城県（二八一名）、栃木県（三〇六名）、群馬（四六〇名）で、東京在住ビルマ出身者とあわせると一万一五五三名となり、全体の六五・〇％に上る。その他では、中部地方と関西地方での登録者が多い。中部地方のなかでは特に、静岡（六四二名）、愛知（九六四名）、岐阜（三五八名）、三重（二四九名）に多く、計二二一三名（一二・五％）となっている。関西地方では、大阪（四四九名）と兵庫（三一三名）の二つの府県に多く、計七六二名（四・三％）となっている。中部および関西地方も、就労や就学の環境が比較的整っているとともに、技能実習制度を利用して滞在しているビルマ出身者もいる。

次に年代および性別の統計を確認したい（図2）。ビルマ出身者の中長期滞在登録者数一万七七七五名のうち、二〇歳代が八四〇三名でもっとも多く、次いで三〇歳代四八三九名、四〇歳代一八三四名と続く。これらのビルマ出身者の在留資格についても詳細は明らかにされていないため、詳細な分布は不明であるが、二〇～三〇歳代の多くは、留学生または技能実習生、三〇～五〇歳代の多くは、難民認定制度を利用し、在留資格を得た人が多く含まれると考えられる。八八デモ当時に一〇代後半～三〇歳代であれば、現在四〇歳代後半～六〇歳代になっているはずであり、また、ディペイン事件や僧侶と市民を中心としたデモが起きた二〇〇〇年代中ごろに一〇歳代後半～三〇歳代であった層は、現在二〇歳代後半～四〇歳代になっているはずである。これらの人びとが、日本での暮らしを継続、すなわち定住している結果が統計に表れている。男女比に目を向けると、男性は八二六〇名（四六・五％）、女性は九五一五名（五三・五％）となり、女性が多いものの、ほぼ同数となっている。

日本で暮らしている中長期滞在のビルマ出身者を在留資格統計から概観すると、「永住者」、「定住者」、特定活動、技術・人文知識・国際業務の在留資格を得ている人が多い。ジェンダーバランスがとれている点が特徴的で、家族単位で暮らす日系南米人など、定住傾向が強い外国人グループに見られる傾向と類似し、ビルマ出身者の滞在パターンには定住者が多いとみなす根拠となる。

二　日本の難民制度の推移

前節で述べたように定住ビルマ人の多くは日本の難民認定の制度を利用し、在留資格を得ている。この難民認定制度は、日本が批准している国際条約「難民の地位に関する条約」と「難民の地位に関する議定書」を基準として国内法で規定されている。本節では、日本の難民受け入れ制度の推移から多くのビルマ出身者が定住するにいたった経緯を考察する。

現在、日本が公式に受け入れている難民は、インドシナ難民、条約難民、第三国定住難民に区別できる。インドシナ難民とは、ベトナム戦争終結時に脱出した、ベトナム、ラオス、カンボジア出身の難民を指す。条約難民とは、難民条約の規定に沿って保護されている難民を指す。そして、第三国定住難民とは、ビルマ・タイ国境の難民キャンプから定住目的で来日した難民を指す。なお、日本政府が主導して受け入れたという観点から、インドシナ難民の受け入れも第三国定住制度の一環と捉える考え方もあるが、緊急措置的に受け入れたインドシナ難民は、二〇一〇年に新設された制度とは分けて議論すべきとの指摘があり、本書でも別個に議論する。[9] 以下ではこれらの難民の受け入れ制度の推移を確認し、結果的に、なぜ多くのビルマ出身者がこの制度を利用して定住するようになったのかをみていく。

まずは、インドシナ難民の受け入れについて振り返る。はじめて来日したインドシナ難民は、一九七五年サイゴン陥落後にベトナムを脱出し、ボートピープルとして千葉港に上陸したベトナム人であった。当時の日本は、難民条約を批准していなかったために、一時滞在許可という形で対応した。その後、アメリカからの受け入れ要請の圧力や、当時、国際社会から「悪者」として捉えられていたベトナム国家から排徐された難民の受け入れに反対するものがいなかったという社会情勢などにより、一九七八年に特別受け入れ枠を閣議決定した。翌一九七九年には、インドシナ三国出身の留学生や他国の難民キャンプで避難生活を送っている人を対象に、五〇〇人の定住枠を閣議了解により設けた。インドシナ難民定住受け入れの決定を受け、日本政府は財団法人アジア福祉教育財団に受け入れ事業を委託し、難民事業本部を新設するほか、兵庫県姫路市および神奈川県大和市には定住センターを開設して、日本語教育や就職斡旋などを実施した。一九八二年には長崎県大村市に一時的な滞在のための施設を、一九八三年には東京都品川区に定住施設を開所した。インドシナ難民の受け入れは合計一万一三一九名になったが、この過程で個別審査は行われていない。[10] 最終的にインドシナ難民の受け入れは一九九四年で終了し、一九九六～九八年にかけて定住センターを閉鎖した。また一九九六年からは、合法出国計画（Orderly Departure Program:ODP）[11] により、ベトナムからの呼び寄せ家族を受け入れ、日本語教育や就職斡旋などを実施した。最終的に、一万一三一九人を受け入れたインドシナ難民受け入れ事業は、二〇〇六年三月に終了した。条約難民を受け入れる制度は、国際条約の批准にともなう国内法整備のため、一九八二年に制定された入管難民法で規定されている。入管難民法は、インドシナ難民の受け入れを開始してから三年後の一九八一年に加入した難民条約、および翌一九八二年に加入した難民の地位に関する議定書に基づいている。そして、定住ビルマ人の多くが難民認定制度を利用しているのが現状である。

難民認定制度は、先に述べた難民条約で定義された事由により、自国で安全な生活を営めない人びとが、本国送還によって遭遇しうる危険性を日本政府に説明し、強制的な送還を回避してもらうための制度である。その難民受け入れ制度の大きな変化として、二〇〇五年の入管難民法の改正が挙げられる。改正は三点あり、日本上陸後六〇日以内とされていた申請期間が六か月に延長されたこと、難民審査参与員制度[12]が新たに導入されたこと、一定の条件を満たすという制限付きで仮滞在を許可する制度が導入されたことである。これらは、難民を担当する弁護士などの積極的な働きかけによって緩和された[13]。

具体的な手続きとしては、日本入国後に審査機関である入管に必要書類を提出する。その後の審査で、認定または不認定の判定を受ける。審査の結果、難民として認定されるか、または人道的な配慮により日本での在留が許可（以下、「人道配慮」）されると、前節で説明した在留資格が与えられる[14]。審査の結果、不認定処分となった場合、その結果に不服があれば異議申し立てをすることができる。その場合、二〇〇五年に新設された難民審査参与員制度の下で、参与員が再審査過程に加わり、認定か否かの判断が再度下される。そこで、不認定処分や強制退去処分となった場合は、処分の取り消しを求め行政裁判を起こすことができる。申請から在留資格の付与または行政裁判までの流れは図3のとおりである。

図3　日本の難民認定の流れ

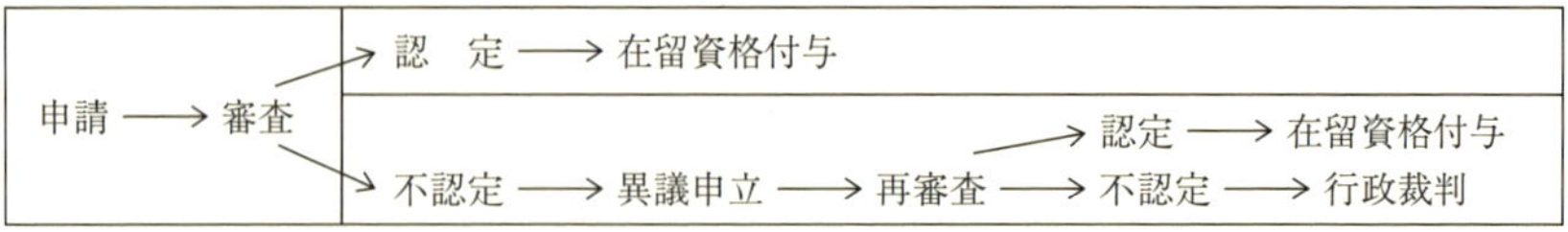

まずは、初期の日本における難民受け入れ制度のあり方を把握するために、一九八二年の難民の受け入れ開始から二〇〇六年までの二五年間の難民認定行政をまとめた報告書『難民条約加入二五周年記念企画　難民認定行政――二五年間の軌跡』[15]を概観する。同報告書によると、一九八二年一月から二〇〇五年一二月末までの申請件数は三九二八件であった。申請者の出身国は、ビルマ（七〇九）、トルコ（六五四）、パキスタン（四一七）、イラン（三九六）、アフガニスタン（二五八）、ベトナム（一九八）、中国（一七六）、ラオス（一一五）など七六か国を数え、なかでもビルマとトルコだけで全体の約三分の一を占めていた。図4は難民認定の具体的な件数をまとめたものである。難民申請三九二八件のうち、認定されたのは申請総件数一割弱の三七六件、却下は三二〇七件、三四五件には結果が出されていない[16]。却下のうち九三〇名は「人道配慮」により在留許可を得ており、これは申請件数全体の二三・七％にあたる。認定却下のうち二二七七件は裁判中や再申請準備中など、保護が得られなかった人びとである。未処理の約六割にあたる二〇九件がビルマ出身者であるが、二〇〇三年頃からビルマ出身の申請者が増加したため、審査に時間がかかった結果と考えられる。

同報告書によると、難民として認定された割合が高い順に、カンボジア、ラオス、ベトナム、そしてビルマなどとなっており、これらの国籍者上位一〇位までで全体の約八割を占めている。逆に低いのは、トルコ、中国（台湾）で一人も認定されていない。人道配慮も認定の傾向と同様に、ビルマ、ベトナム、ラオス、カンボジアが多く、トルコ、パキスタン、イランは少なく、特にトルコが少ない。難民認定数と「人道配慮」数とをあわせた数字から庇護率を算出した結果、カンボジアは一〇〇％の庇護率を示し、以下は、ラオス九七・四％、ベトナム八二・三％、中国（台湾）

図４　日本の難民認定状況（1982 年 1 月〜 2005 年 12 月）　　単位：件数

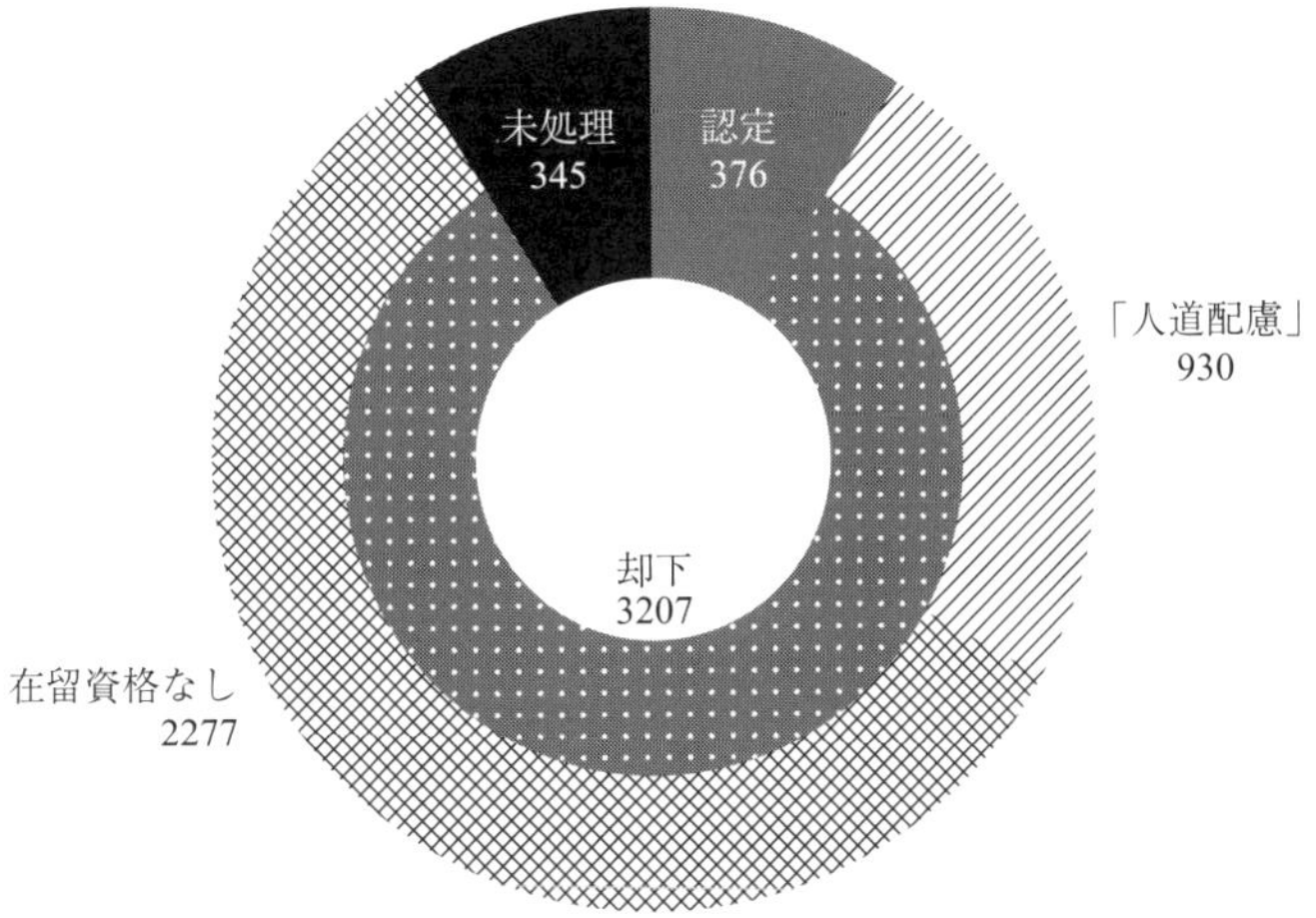

出典：法務省入国管理局『難民条約加入 25 周年記念企画難民認定行政―25 年間の軌跡―』

七七・三％、ビルマ五三・八％と続き、「東南アジア出身者の認定率や庇護率が高い」[17]結果となっている。このうちビルマ出身者の処理件数は五〇〇で、その結果として認定は一一七名、「人道配慮」は一五二名で合計二六九名が保護の対象となっている。以上をまとめれば、この間の日本の難民認定は、申請者全体の一割弱と極めて低く、出身国によって庇護を受ける割合が大きく異なる。なかでもインドシナおよびビルマという東南アジア地域を重視した庇護政策が採られている点が、初期の日本の難民認定行政の特徴といえる。

　この特徴をふまえたうえで、近年の難民申請者、認定者、「人道配慮」数の推移（表５）を確認すると、難民申請者が大幅に増加、また認定者もある程度は増加している点が確認できる。一九八二〜二〇〇五年の間で三九二八名であった難民申請者が、二〇〇六〜二〇一六年の一一年間で三万七一八一名になった。同じく、一九八二〜二〇〇五年の間で三七六名であった認定者が一一年間で三一二名になっている。日本の難民受け入れは消極的であるが、利用者は年々増加しており、特に法改正後はこれまでにない人数の申請者、および、「人道配慮」の付与が確認できる。そんななか、二〇〇〇年

表5　難民申請者・認定者・「人道配慮」の推移

単位：人

	申請者		認定者		「人道配慮」	
	総数	うちビルマ（%）	総数	うちビルマ（%）	総数	うちビルマ（%）
2006	954	626（65.6）	34	28（82.4）	53	33（62.3）
2007	816	500（61.3）	41	35（85.4）	88	69（78.4）
2008	1,599	979（61.2）	57	54（94.7）	360	328（91.1）
2009	1,388	568（40.9）	30	18（60.0）	501	460（91.8）
2010	1,202	342（28.5）	39	37（94.9）	363	319（87.9）
2011	1,867	491（26.3）	21	18（85.7）	248	196（79.0）
2012	2,545	368（14.5）	18	15（83.3）	112	74（66.1）
2013	3,260	380（11.7）	6	3（50.0）	151	78（51.7）
2014	5,000	434（ 8.7）	11	4（36.4）	110	43（39.1）
2015	7,586	808（10.7）	27	4（ 3.7）	79	12（15.2）
2016	10,901	650（ 6.0）	28	1（ 3.6）	97	6（ 6.2）
合計	37,118	6,146	312	214	2,162	1,618

出典：全国難民弁護団連絡会議ホームページ（在日ビルマ人難民申請弁護団『JLNR 全国難民弁護団連絡会 (Japan Lawyers Network for Refugees)』発表統計、http://www.jlnr.jp/stat/index.html、2017年5月19日閲覧）

代後半には定住ビルマ人への庇護が非常に高まった。入管難民法改正の翌年である二〇〇六年から二〇〇八年にかけては全体の約六割、二〇〇九年には約四割、二〇一〇年代には全体の一～二割のビルマ出身者が申請者割合を占めている。同時期のビルマ出身の認定者および「人道配慮」においてはさらに高い割合を示し、二〇〇六～二〇一二には全体の六割以上、年によっては九割以上を占めている。日本全体の難民認定率は極めて低いが、東南アジア出身者、とくにビルマ出身者の庇護率が突出しているのが明らかである。この結果に応じるように、ビルマ出身者が積極的に難民認定制度を利用するようになり、二〇〇〇年代後半に申請者が急増した。

これまでの日本の難民認定制度の運用面における問題として、認定審査に時間がかかるうえに審査基準が不明瞭である点、不認定となった時点で滞在の法的根拠がなくなるために退去強制の対象となり、入管施設に収容される恐れがある点、実質的に申請者の就労が禁止されているにもかかわらず[18]、生活保障が不十分な点などが指摘されている。さらに、結婚や出産などに伴う公的手続きを自国の機関に提出することは現実的に不可能で、特に出生地主義を採らない日本で難民の両親から生まれた子どもは無国籍となるため、基本的な権利を享受することができないという問題がある。近年問題が深刻化しているシリアの難民についても、二〇一四年の難民認定数はわずか三名、「人道配慮」が約三〇名にとどまっている。代わりに、二〇一七年度より五年間で一五〇名程度を留学生として受け入れるという対応が表明されているが、支援団体からはより積極的な受け入れを求める声があがっている。[19]

二〇一〇年には第三国定住事業が新設された。これは、ビルマと隣接するタイの難民キャンプに避難している難民を日本に再定住させることを目的としている。日本では二〇〇七年末に同事業の準備が始められ、ビルマ・タイ国境で避難生活を送るカレン難民を受け入れることで二〇〇八年に閣議了解を得た。二〇〇九年から五年間は年間三〇人を限度としたパイロットケースとして受け入れを開始し、アジアではじめての第三国定住受け入れ事業であったことから注目を浴びた。直前になり来日を予定していた希望者が急遽申請を取り下げ、誰も来日しなかった年もあり、結果として五年間で一八家族八六名の受け入れにとどまった。二〇一五年からも年間三〇名を上限とした受け入れを継続しているが、国内にいる難民申請者への対応が不十分であることなどを理由に、事業のあり方を疑問視する声もある。

以上のことから、日本の難民受け入れは消極的であるが、それでも東南アジア、特に二〇〇〇年代中ごろにはビルマ出身者を積極的に受け入れるといった選別的な認定が行われていたことがわかる。日本の対ビルマ政策は曖昧だと、欧米諸国を中心とした国際社会から非難を浴びている。[20]八八デモ直後に起きたクーデターにより軍部が政権を奪取したが、そのわずか五か月後、日本は国際社会のなかでいち早く軍政を承認しODAを再開したことがそれを象徴する。[21]また二〇〇七年夏の僧侶を中心としたデモの二か月後には、一旦凍結していたODAとして、当時の軍事政権の主な資金源となっている天然ガス田への開発協力を再開するなど、軍事政権寄りと言われても仕方ない対応をしてきている。しかしながら、二〇〇〇年代の突出したビルマ難民への庇護や、二〇一〇年にはビルマから隣国タイへ逃れている難民の受け入れが閣議了解で決定されるなど、難民受け入れという観点からは、特例的な対応がなされ、その結果、難民制度を利用して定住するビルマ出身者が急増した。

三　定住ビルマ人の日常生活

本節では定住ビルマ人の日常生活を把握するために、就労状況、コミュニティ、宗教、文化継承、二世の将来を概観する。すでに述べたとおり、二〇〇〇年代後半以降には定住ビルマ人の多くが難民認定の手続きをとり在留資格を得るようになった。その結果、長年にわたり超過滞在していたビルマ出身者が入管施設に収容される可能性は減少したが、生活環境が以前と比較して抜本的に改善されたわけではない。

定住ビルマ人の多くは、移住労働者として働き、日本で暮らす家族、さらに本国や国境に暮らす家族や同胞の生活を支えている。移住労働者の受け入れを公式に認めていない日本では、一部の専門職への正規雇用を除き、多くは時間給または日給制の非正規雇用で働いているため、長時間労働をしなければ仕送りはおろか生活も成り立たない。なかには政治活動との二重生活を送っている人もいるが、二〇一〇年総選挙、二〇一一年の「民政移管」、さらに二〇一五年総選挙における最大野党の国民民主連盟（ＮＬＤ：National League for Democracy）圧勝とアウンサンスーチーを実質的なリーダーとした政治体制の確立といった一連のビルマ情勢の変化を受け、反政府活動から各自の日常生活の充実へと力点の広がりもみられる。

非正規雇用の場合には飲食業をはじめとするサービス業に就く定住ビルマ人が多い。来日当初は同胞の紹介などにより、飲食店の皿洗いや調理の下準備など、日本語能力の必要がない食事付きの職場が好まれる。その後、日本語の習得に伴い調理や接客を担当するようになり、引き続き飲食業で働く人が多い。なかにはアルバイトから正規雇用への登用もあるが、多くは非正規雇用のままである。飲食業以外に、製造業、建築業、ビル管理業などで働く人もいる。正規雇用であれば社会保険の心配はないが、非正規雇用では各自で契約しなければならない。健康保険だけ加入し、年金制度には加入していない定住ビルマ人が多い。その他、留学や就労の経験を活かし、ＩＴ産業、福祉産業、事務職などでの就労、飲食店や中古車販売店を起業する定住ビルマ人もいる。

組織活動については、第四章で詳細に述べるのでここではふれないが、積極的な政治活動への関わりは定住ビルマ人を象徴する。なかでも組織のリーダー格の多くは、八八デモに積極的に参加したいわゆる八八世代である。彼らには、日本滞在が長く、生活基盤が比較的安定しているという共通点がある。日本定住ビルマ人のなかでは少数派である正規雇用、非正規雇用であっても雇用主に理解があり、突然の休暇を願いでても快く聞き入れてもらえる人間関係を職場で構築しているか、自営業者などである。またリーダーには男性が多いが、彼らの妻の多くは夫の活動への理解が深い。夫が政治活動のために家を留守にしても子育てを一手に引き受け、育児やパート勤務の合間に事務的な作業を手伝い、内職による収入を活動費の足しにするなど、夫の政治活動を積極的に支えている。

一九九〇年代までは東京の西武新宿線中井駅界隈がコミュニティの中心であったが、その後は新宿区の高田馬場へと移っている。人口増加にともない、政治活動だけでなく、雇用創出や情報交換などの場となるなど、高田馬場は定住ビルマ人コミュニティの中心となっている。ただし詳細に考察すると、地理的な住み分けがある。高田馬場に集うのは、民主化運動を主体としたバマーの組織およびさまざまな組織の連合体関係者が多い。高田馬場以外には、通勤に便利なＪＲ山手線沿線や宗教施設へアクセスのよい地域に民族別に集住している場合が多い。外国人居住者の多い新宿区は比較的充実した外国人施策があるため、学齢期の子どもがいる家族が新宿区内へ引っ越すケースもある。ほかにも千葉、埼玉、群馬などの関東圏や名古屋などに小規模ながらビルマ出身者が集住している。集住する要因は、宗教施設の存在や、キーパーソンの個人宅を会議等の集まりに使用していたなどの事情があり、一般的な移民コミュニティ形成のあり方と同様の傾向をもつ。

なお、少数民族グループの集住地は小規模であるために、エスニックビジネスが発達するまでにはいたっていない。高田馬場には、バマーだけでなくシャン、カチン、モンといった少数民族グループの料理店や現地の食材などを売る店もある。しかし、経営が安定している店舗は一部に限られ、数年で商売に見切りをつける店舗もあり、現在進行形で変動しているのが定住ビルマ人コミュニティの特徴といえる。エスニックメディアとしては、政治活動の一環として、最盛期の二〇〇〇年代には複数の雑誌が発行されていた（アリンエイン、エラワン、モータウチエ、アハラなど）。一部三〇〇円程度で、内容はビルマ国内の政治動向に関連した記事に集中しており、そのほか、日本のニュースや国際社会におけるビルマ問題などが紙面を飾る。本書が注目している日本定住ビルマ人のエスニシティを超えた連帯の意義を積極的に評価する記事は見受けられない。

宗教面では、ビルマは仏教国のイメージが強いが、仏教以外にも、キリスト教、イスラム教などの宗教が信仰されており、定住ビルマ人の宗教活動にもそれが反映されている。程度の差はあるが、定住ビルマ人の生活において宗教は精神面での支えであり、宗教施設を介して形成されているネットワークは、日本における生活全般に対するセイフティネットとして重視されている。たとえば、仏教徒の定住ビルマ人は、寄付金を募って、不動産を購入し、自分たちの僧院を東京都内に建設した。さらに、本国から呼び寄せた僧侶に常駐してもらい、さまざまな仏教行事に対応している。また、クリスチャンが多い少数民族グループは、既存の教会施設の一角を利用して、本国から呼び寄せた牧師が自民族の言語で行事を執り行えるようにしている。日本人信者の協力を得て生活上の問題を解決したり、母語や伝統文化を二世に継承する場にもなっている。

文化継承面ではバイリンガルの二世が少ない点がまず挙げられる。親の話すビルマ語や各少数民族グループの言語は理解できるが、家庭内での会話は日本語という家族が多い。そのため二世とビルマ国内の祖父母をはじめとする親戚との会話が成り立たないという悩みを抱える一世は少なくない。家庭で親の母語を継承できない場合、同胞が運営する私塾等に子どもを通わせる親もいる。ただしこれは共通語であるビルマ語のみで、少数民族グループの場合は自宅で教えるか宗教施設などを利用し民族語教育の機会を設けている。言語だけでなく少数民族グループの伝統文化が継承されていない傾向がある。ビルマ国内では、多数派のバマーの文化が重視される反面、それ以外の文化については軽視され、場合によっては弾圧されていた。そのため、自民族の歴史や文化に触れることなく成長した少数民族グループの若者も少なくない。そのような事態を受け、来日後には、言語や伝統舞踊、自民族が展開してきた闘争史などを学ぶ機会が持たれる。各民族州の記念日などには、日本人をはじめ、バマーやほかの少数民族グループも参加し、国内にいては知る機会がなかったビルマの多民族性を改めて学ぶ機会となっている。

八八デモを主導した当時の学生たちも四〇歳代後半〜六〇歳代になり、離れて暮らす親の高齢化だけでなく、当事者が体力的な衰えを自覚し、老後への備えなど現実的な問題に向きあわざるをえなくなっている。第五章で詳細に述べるが、現実的な意見として、将来も日本で暮らすことになるだろうと考える定住ビルマ人が多数を占めている。諸事情により帰る家がない人や、労働市場がまだ不安定なビルマへ帰国してもよい就職先を見つけられないと考え帰国を躊躇する人、学生時代に学んだ専門知識はすでに過去のものとなっており、専門職に就くことはハードルが高いと考える人もいる。また、日本語の会話能力はある程度習得したが、識字能力が未習得の四〇〜六〇歳代の自分たちがビルマに戻っても日本語能力を活かした仕事を得られる可能性は低いとの判断が働く。二世がすでに日本社会にとけ込でいることから、ビルマに連れ帰っても社会への適応が困難であると考える親もいる。そのため「永住者」資格および日本国籍取得を望む定住ビルマ人が増加しているのも事実である。

以上、定住ビルマ人の日常生活を概観した。日本に定住する外国人との類似点としては、生活の基本となる就労が非正規雇用である場合が多く、宗教施設が生活の相互扶助や二世への教育の場となっている点が指摘できる。定住ビルマ人としては、本国の状況改善のための政治活動が特徴的で、それが勤務先や住居地を決定する際の要因にもなりうる点、また、帰国を望む気持ちはあっても、政治経済的な事情により未だに本国に戻れず、長期的な日本滞在のためにより安定した在留資格を得るなどの準備を始めている点があげられる。

四　小結

本章では、まず在留資格の統計から日本に暮らすビルマ出身者を概観し、次に多くの定住ビルマ人が利用した難民認定制度の推移を考察したうえで、筆者の参与観察および聞き取り調査から定住ビルマ人の日常生活の特徴点を挙げた。統計からは、東京への集住傾向が強く、ジェンダーバランスがとれている点から、ビルマ出身者が東京で定住傾向にあることを確認した。難民制度の推移からは、日本の難民受け入れは消極的であるが、ビルマ難民については積極的に受け入れている点を確認した。定住ビルマ人の日常生活の特徴からは、政治活動が日常生活のなかで重要な位置を占めており、また将来的に日本での生活を継続するための準備を始めている点を指摘した。本章の難民受け入れ制度の分析からは、日本がビルマ出身者を定住に向かわせた要因を確認できた。次章ではビルマ側の要因を考察する。

注

（1）ただし、「永住者」の在留カードの有効期限が七年間であるため、期限内にカードを更新する手続きは必要である。

(2) 法務省によれば、中長期滞在者とは、入管法上の在留資格をもって日本に在留する外国人のうち、以下の何れにも当てはまらない人をいう。(一)「三月」以下の在留期間が決定された人、(二)「短期滞在」の在留資格が決定された人、(三)「外交」又は「公用」の在留資格が決定された人、(四)(一)から(三)の外国人に準ずるものとして法務省令で定める人。また、特別永住者と在留資格を有しない人も中長期在留者ではない。

(3) 在留外国人統計（旧登録外国人統計）国籍・地域別　在留資格（在留目的）別　在留外国人、http://www.e-stat.go.jp/SG1/estat/List.do?lid=000001177523、二〇一七年四月一五日閲覧。

(4)「永住者」は「法務大臣が永住を認める者」、「定住者」は「法務大臣が特別な理由を考慮し一定の在留期間を指定して居住を認める者」とされ、何れもが法務大臣の裁量で決定される。

(5) 法律上定められているわけではないが、日本では社会通例的に「定住者」資格を保持する外国人は融資を受けられない。

(6) ワーキングホリデーとは一八〜三〇歳の若者が提携している国または地域で働きながら休暇を過ごすことを目的とした在留資格である。二〇一八年一月現在、日本は、一四か国と提携している。

(7) 法務省「技術・人文知識・国際業務　日本において行うことができる活動内容等」http://www.moj.go.jp/nyuukokukanri/kouhou/nyuukokukanri07_00089.html、二〇一六年九月二一日閲覧。

(8) 教授、芸術、宗教、報道、投資・経営、法律・会計業務、医療、研究、教育、技術・人文知識・国際業務、企業内転勤、興行、技能、文化活動、留学のいずれかの在留資格をもって在留する人の扶養を受ける場合に、配偶者またはこどもに限り付与される。

(9) 久保忠之、岩佐光広「制度批判で見えなくなること――日本の難民の第三国定住をめぐって」高知大学人文学部国際社会コミュニケーション学科『国際社会文化研究　一二』、二〇一一年、五三―八二頁。

(10) 外務省「難民問題と日本――国内における難民の受け入れ」『外務省ホームページ』http://www.mofa.go.jp/mofaj/gaiko/nanmin/main3.html、二〇一三年一一月一七日閲覧。

(11) 一九七九年、UNHCRとベトナム政府は合法出国計画に関する覚書を取り交わし、海外にいる家族と再会するための合法的出国が認められるようになった。

(12) 不認定処分に対する異議申し立て手続きにおいて第三者の意見を取り入れる制度。

(13) ただし、改正後の課題として、すでに来日後六か月以上経過している難民が残っている点、審査参与員の偏った人選および専門性の低さ、不透明な審査内容や厳格な仮滞在許可取得要件などの問題が指摘されている。また、外国人の入国管理業務を担っている法務省が、同時に難民認定を行うという矛盾から、とくに法務省から独立した異議申し立て機関設置の必要性が繰り返し指摘されているが、実現されていない。

(14) しかし、「人道配慮」では、出身国地域に残っている家族の呼び寄せはできない。また、海外渡航を希望する際には事前に渡航内容を届け出る義務があり、その結果、渡航が許可されない場合もあるなど、海外とのつながりが強い難民の生活実態に見合わない規制が設けられている。

(15) 法務省入国管理局、二〇〇六年。

(16) この結果は、二〇〇五年の一年間だけで、約二万一千人（認定率四七％）を認定しているアメリカ、約一万六千人（同六二％）を認定したカナダ、約一万二千人（同一七％）を認定した英国などと比較すると桁違いに少なく、日本の難民受け入れが消極的であるといわれる根拠となっている（国連高等弁務官事務所「二〇〇八年庇護申請者と難民」『国連高等弁務官事務所ホームページ』http://unhcr.or.jp/ref_unhcr/higo/index.html、二〇一三年一一月一〇日閲覧）。

(17) 法務省入国管理局、二〇〇六年、六。

(18) 難民申請時に有効な在留資格を有している場合には、申請から六か月が経過して就労が許可されているが、当時、ほとんどの定住ビルマ人は在留資格のない状態で日本に滞在していたため、難民申請後には就労ができない状態であった。

(19) アムネスティ・インターナショナル「より積極的な難民受け入れを含む日本の難民支援の充実に向けて」http://www.amnesty.or.jp/news/2016/0915_6332.html、二〇一六年九月一八日閲覧。

(20) たとえば、Seekins, Donald M.2007. Burma and Japan Since 1940 from 'Co-prosperity' to 'Quiet Dialogue'. NIAS Press. ベネディクト・ロジャース「一九八八年から二〇年――ビルマ国民を裏切る日本の政策」『日刊ベリタ』http://www.nikkanberita.com/read.cgi?id=200808111453041（二〇一七年五月一九日閲覧）など。

(21) ただし、日本は国家承認と政府承認とを厳格に分けて扱うため、日本の国家承認が目立ったが、欧米諸国の多くは軍事政権とは距離をおくようになったが、政府「非承認」を公的に宣言したわけではない。この点について、上智大学の根本敬教授にご教示いただいた。

第二章　多民族社会ビルマと少数民族グループ

本章では、多民族によって構成されるビルマで少数民族グループがどのように扱われ、位置付けられてきたのか、そして、それが少数民族グループの越境にどのような影響を与えているのかを考察する。ビルマ政府の見解では、同国内に一三五の民族グループがいるとされている。同国における少数民族グループを取り巻く問題は、国内政治の中心課題として独立以降常に注目されてきた。日本に暮らすビルマ出身の少数民族グループは、二〇〇〇年代中ごろ以降は自民族への差別的な処遇の改善を主張しているが、来日当初には明らかに政治活動から距離をおいていた。すでに述べたとおり、この行動は少数民族グループがビルマでおかれていた立場を如実に映し出している。

少数民族グループとバマーとの連帯に注目している本書では、各民族の形成史や民族分類の正当性を検討するよりも、定住ビルマ人が日本で展開する政治活動の根拠としてすでに獲得しているエスニシティと、ビルマ国内におけるエスニシティのあり方への理解が重要である。そのためビルマにおける少数民族グループの位置づけを確認しておく必要がある。そこで、本章では独立交渉期以降のビルマ国内における少数民族グループのおかれた立場を考察する。

一　一九四七年パンロン協定と少数民族グループ

独立ビルマで少数民族グループはどのように扱われ、位置付けられてきたのだろうか。この問いに答えるため、まず本節では独立の前年である一九四七年に締結されたパンロン（ピンロン）協定[1]を中心にビルマ国内の政治的な動きを考察する。

現在のビルマは、七つの管区[2]と七つの州から構成される。地理的には、南部のモッタマ湾から北部の中国およびインド国境にかけて七管区があり、その周りを囲むように東南部から左回りに、モン、カレン、カレンニー、シャン、カチン、チン、アラカンの各州が制定されている。各管区にはバマーだけでなく少数民族グループも暮らしている。また、各州にも州名と同じ名称の民族のみが居住しているわけではなく、複数の民族が混在している[3]。

独立ビルマの国家形成の基本を理解するには、植民地期に台頭したバマー・ナショナリズムについての理解が不可欠である。一八八六年にビルマを英領インド帝国の一州とした英国は、当時のコンバウン朝の支配地で、バマー、カレン、モン、アラカンなどが主に居住していた平野部を管区ビルマ（Administrative Burma）として直接統治し、シャン、カチン、チンなどが主に居住していた山岳地を辺境地域（Scheduled Area）として、伝統的な統治制度を存続させ間接的に統治していた。この分割統治の結果、管区ビルマと辺境地域では大きく異なる統治制度と生活空間が形成された。管区ビルマでは、英国と比較的親和性が強かったクリスチャン・カレンの登用[4]や大量のインド人の導入などの植民地政策が採られ、地域住民の生活のあり方に影響を及ぼした。実際には植民地政府におけるカレンの登用割合はそれほど高いものではなかった。また、要職に就くインド高等文官（ＩＣＳ：Indian Civil Service）にバマーはいたが、カレンはいなかったとの指摘もある。従来の伝統的な君主制の廃止と新たな議会制の導入、人頭税の徴収、港湾都市ヤンゴンのインフラ整備およびデルタ地帯の大規模な稲作プランテーション開拓など、新制度導入を含め、かなりの規模の社会変容が生じた。[5]

それに反し、辺境地域では、軍事要塞が建設され植民地支配の体制をなしてはいたが、基本的には各民族グループの伝統的な統治形態に沿った支配体制を継続させたことから、住民の生活が大きく変化することはなかった。[6]管区ビルマは、当初はインドの一部として統治され、その後も直接、英国の管理下におかれた。その一連の動きのなかで、植民地主義への抵抗意識が住民の中に芽生え、バマーとしてのナショナリズムが高揚し、一刻も早い独立が望まれた。また、逆にそれまでの生活が急変することなく、独自の政治体制を維持していた辺境地域では、英国の植民地政策に対する抵抗心が生まれる条件がそろっていなかったか、または、あったとしてもその程度は弱いものであった。この英国の分割統治がその後のビルマの民族問題に影響を与えた原因であるとの指摘は既になされている。[7]

日本敗戦後にふたたび英領下におかれたビルマでは、戦前の分割統治が継続された。そのため、英国の直接的な統治が戻った管区ビルマでは、バマーのナショナリズムがさらに高揚した。それに対し辺境地域では、以前の伝統的な統治体制が戻り、実現はしなかったが少数民族グループを中心とした辺境州連邦の建設に拍車をかける英国側の提案がなされるなど、バマーのナショナリズム運動とは異なる動きがあった。

一九四五年から一九四八年にかけて、紆余曲折を経ながらもビルマと英国の間で独立交渉がもたれた。約六〇年におよんだ植民地統治から解放されようとしていたビルマにとって、この時期は希望に満ちた輝かしい時代であったと捉えられる。しかし、一方では、独立交渉に向けて英国との間で行われた協議の場にバマー以外の民族代表が参加する機会は与えられず、少数民族グループとしては自分たちの意見が十分に反映されていない独立交渉に対する不満が積もるという結果になったのも事実である。[8]ビルマ独立を主導したアウンサンたちは、管区ビルマと辺境地域の双方による協議を条件としたアウンサン・アトリー協定に沿い、一九四七年二月にシャン州のパンロンで会議を開催した。パンロン会議といわれるこの会議は、分割統治により異なる植民地経験をもつ管区ビルマおよび辺境地域の代表者が公式の場ではじめて出会った歴史的に重要な節目となっている。「われわれバマーが一チャットを受け取るならば、あなた方も同じく一チャットを受け取るでしょう」というアウンサンの演説の一節を、少数民族グループの反政府活動家が繰り返し引用するのは、独立当時のアウンサンが描いていた少数民族グループに対する平等志向を再度確認してほしいという辺境地域の人びとの願いがこめられているからである。(9)

そもそも旧辺境地域の代表者たちは、バマーの主導下で新たに独立するという必要性を強く感じていなかった。そのため、連邦国家の一部として少数民族グループを組み込み独立するというイギリス側との交渉をふまえたアウンサンたちの提唱には同意せず、完全独立を望んでいた。それに対し、アウンサン側は、基本的には辺境地域の人びとの意向を尊重するべきであるとの考えをもっていたが、あくまでも連邦国家という体裁を整え、一つの国家としてともに独立するという考えが根底にあった。したがって、独立したいという辺境地域の少数民族グループ代表の意向には同意せず、代替案として、シャンとカチンには州、チンには準州の地位を付与し、各州の自治権の保障を提示した。そのような経緯を経るなかで、辺境地域の少数民族グループ代表者は、バマーと協力して独立国家として英国から自由を勝ち取ることが自民族の自由を得るための早道だと考えるようになった。そして、アウンサン側の提案を受け入れ、パンロン協定が締結されたのである。管区ビルマ内の少数民族グループであるカレン、モン、アラカンの代表者は参加していないことから、厳密にいえば、この協定はすべての民族に平等な機会を付与したわけではない。しかしながら、その後のバマー中心の政治体制と比較すれば、複数の民族グループとの連邦国家の建設を真剣に考えていたアウンサンの動きは評価に値するとの捉え方が通説となっている。この会議の締めくくりとして、同年二月一二日にパンロン協定が締結され、以来この日が「連邦記念日」とされている。[10]

条約締結から二か月後の一九四七年四月に実施された制憲議会議員選挙（総選挙）では、反ファシスト人民自由連盟[11]が勝利し、議長のアウンサンらは早速憲法草案の作成に着手した。同年五月一九～二三日に開催された憲法制定議会では、新生ビルマの国家建設のあり方について協議された。そこでアウンサンは、中央集権的な国家ではなく連邦制の国家にすべきであり、少数民族グループにも相応の権利を認めるべきであるとの見解を示していた。[12]しかし、そのアウンサンはビルマの独立が目前にせまっていた同年七月一九日に暗殺された。その後、ウー・ヌがアウンサンの後任として行政参事会議長を引き継ぎ、憲法制定を含む独立に向けての最終的な手続きをこなし、一九四七年九月に憲法が議会で承認された。

この一九四七年憲法について、少数民族グループ側は、アウンサン暗殺後にウー・ヌの指示により憲法の書き換えがなされ、自分たちの権利が十分に擁護されていないと指摘する。[13]その一例として、宗教の自由の取り扱いを確認したい。宗教信仰の自由については、制憲議会において、仏教を国教に規定しないならば独立は意味のないものだとするバマー政治家の意見に対し、アウンサンは、宗教は個人的な志向であり、国家は宗教問題に関して中立の立場であるべきだと主張し、憲法草案にその点を含めていた。[14]ところが、アウンサン暗殺後にできあがった憲法では、「ビルマ連邦では大多数の市民が信仰する宗教として仏教は特別な地位にあるものとみなす（The State recognizes the special position of Buddhism as the faith professed by the great majority of the citizens of the Union）」[15]とされ、仏教を特別視することが明記されていた。この点について、アウンサンが暗殺された時点では、宗教の自由について協議中であったため最終的な文言は決まっておらず、結局は妥協案が採用されたとの記述がある。[16]つまり、アウンサンの主張を尊重していたのであれば、一つの宗教だけを公然と特別視するような文言は挿入されなかったであろうが、実際にはアウンサン暗殺後に何らかの変更がなされたと考えるのが自然である。

また別の例として、多様なエスニシティがどのように扱われていたかという観点からは、憲法制定顧問であったチャントゥンが当時を振り返り「ビルマは、名目上は連邦制だがその実態は中央集権制であった」[17]と断言している点に注目したい。ビルマの連邦制は、アメリカやスイスのそれとは異なり州議会が機能しておらず、また少数民族グループの分離権は明文化されていたが、それは政治上の要求を充たすというよりも、辺境地域のリーダーの疑念への対策であったという。この発言からも、辺境地域に暮らす人びととの平等な連邦国家建設というアウンサン側の意思を尊重するより、中央、すなわちバマー主導の政治を強調する方針が独立直後のビルマで採用されていたと判断せざるをえない。これらの経緯から、自治権を願う旧辺境地域の住民が、パンロン協定締結のわずか半年後の一九四七年九月には自分たちを取り巻く環境が大きく変えられてしまったと捉えるようになった様子がうかがえる。少数民族グループにとって独立ビルマの連邦制度のあり方はパンロン協定締結時に想定していたものとはかなり違ったものになってしまったのは確かである。

ところで、辺境地域に位置していたカレンニー、シャン、カチン、チンの各グループには連邦国家の一部として捉えられたという共通点があるが、それぞれの立場は微妙に異なる。まず、パンロン協定に調印したのは、シャン、カチン、チンのみであった。カレンニーは、[18]土侯国として扱われ、英国の統治下にはなかったことから出席を拒否した。そして、発効された憲法では、シャン、カチン、カレンニーに州の地位が与えられ、そのうち、シャンとカレンニーには一〇年後の分離独立権が認められた。しかし、ミッチーナとバモーという二つの主要都市を州内にとどめたいという条件を提示したカチンには、その条件は認められたが、独立権は付与されなかった。[19]また、同じ辺境地域にあったチンには、州の地位ではなく特別省の地位が付与された。[20]さらに、管区ビルマに位置していた、カレン、モン、アラカンの各民族は、独立を主導したバマーと同一線上に捉えられていたことから連邦国家への参加意思を問われることなく、ビルマ本州の一部に組み込まれた[21]。カレンでは独立前から、モンとアラカンでは独立直後から、独立や自治権要求などを求める民族運動が展開された[22]。結局、ビルマは一九四八年一月四日午前四時二〇分にビルマ連邦として独立した。初代首相にはウー・ヌが就任し、パンロン協定後に制定された一九四七年憲法によって、人民議会と民族議会からなる二院制国会が設置された。

独立交渉期から独立にかけてのわずか二年強の動きを概観しても、複雑多端なビルマであったことがわかる。独立を主導したアウンサンの暗殺が、その後の少数民族グループ問題に何らかの影響を与えた側面は拭えないが、それだけが諸問題の要因となっているわけではもちろんない。そもそも、主要民族とされる民族においても、複数のサブグループが存在しており、それぞれが統合された一つの民族となっているわけではない。また、資源が豊富な民族州においては、資源配分をめぐる問題が同じ民族内でおきている。これらの問題は、仮に民族州が自治権を獲得しても、簡単に解決できるものではない。たとえば、文化継承に関連する政策をめぐる問題が起こりうることは想像に難くないし、地域に根ざした開発をめぐる対立などの新たな問題もますます深刻化している[23]。とはいえ、独立ビルマの根底には植民地支配下で醸成されたバマーを中心とした国家形成の考え方があり、それがバマーの政治家や軍人、そして一般市民に広く共有されていたのに対し、少数民族グループ側には、民族により程度の差はあるが、自分たちの将来について十分に協議する機会に恵まれず、ましてやバマーと信頼関係を築く十分な時間がないまま連邦国家として独立したビルマに組み込まれてしまったという経緯もある。そして、次節で確認するように、少数民族グループにとってその後の動きは、自分たちの意見が十分に反映されず、バマー中心の国家形成がなされていると捉えざるを得ないものであった。いずれにせよ、このような出発点における考え方の相違がビルマの民族問題を複雑なものにしてしまったのである。

二　独立ビルマと少数民族グループ

一九四八年一月四日に主権国家として独立したビルマでは、元タキン党員のウー・ヌが初代首相に就任した。そして、同じく元タキン党員が中心であった与党パサパラが議会のほぼ七割を占めた。当時の東西冷戦構造下でウー・ヌは、対外的には中立を宣言していた。しかし、ビルマ国内では、資本主義が生み出した帝国主義への抵抗を核としたタキン党の思想を受け継ぎ、議会制民主主義に基づいた独自の「社会主義国家」の建設を試みた[24]。独立ビルマの政治体制については、この一九四八年一月から一九六二年三月までを議会制民主主義期、一九六二～一九八八年をビルマ式社会主義期、一九八八～二〇一一年を軍事政権期、そして、新たに二〇一一年からは「民政」期と分類するのが一般的である。

まず、政治経済面にも多大な影響力をもつビルマ国軍に着目し、独立当時の構成を確認する。独立前のビルマには、一九四一年一二月に編成され、翌一九四二年七月に解散させられたビルマ独立義勇軍（ＢＩＡ：Burma Independence Army）が存在した。日本占領下で編成されたビルマ防衛軍（ＢＤＡ：Burma Defence Army）は、一九四三年八月にはビルマ国民軍（ＢＮＡ：Burma National Army）に移行し、一九四五年五月にはビルマ愛国軍（ＰＢＦ：Patriotic Burmese Forces）に改称した。そして、一九四五年のキャンディ協定により、英領ビルマの植民地軍（正規軍）とビルマ愛国軍という相反する二つの軍が統合された。そもそも植民地軍では、バマーではなく、インドやカレン出身者が軍人として採用されており、英国人とともに将校を占めていた。そのため、バマーのナショナリストたちは、自分たちの軍をもちたいと熱望するようになり、日本軍との協力を通してビルマ独立軍がうみだされた。このような経緯をもつビルマ愛国軍と、少数民族グループが残っていた植民地軍を統合したのがビルマ国軍であった。

ビルマ国軍では、独立直後から、共産党とカレンという二つの反政府勢力への対応を迫られていた。共産党勢力への鎮圧は主に少数民族グループから成る小銃大隊が担っていたが、一九四八年五月になり、独立前には同士であったビルマ共産党幹部らに対してビルマ当局側から和解案が出された。この件は、それまで隊員を犠牲にしながらも共産党反乱を鎮圧していた少数民族グループの部隊にとって寝耳に水であった。この時期は、バマー主導の政府に対する不信が高まり、ビルマ独立の前から自治を求めていたカレンなどによる抵抗運動が活発化していたときでもあった。そのような状況にあって一九四八年一二月には約八〇人のクリスチャン・カレンをビルマ国軍が虐殺する事件が起こった。それが決定的な出来事となり、カレン将校および兵士の多くが国軍を去り、本格的な反政府活動に入った。また、この事態をうけて、カレン勢力の鎮圧を命じられたカチン将校が自分の部下を引きつれて国軍を去るという大きな変化がみられた。

すでに「ラングーン政府」と揶揄されるほどに追い詰められた国軍は、残っていたカレンの将校および兵士を解職拘留するなどして軍を再編した。そして、ここにバマー中心のビルマ国軍の原型ができあがったのである[25]。のちに長期政権を握ることになるネィウィンが、このときに国軍参謀長を引き継いだ。彼は当時地方に送られていた部隊を呼び寄せ、カレンの反政府活動が集中していたデルタ地帯に送り込むなどして、鎮圧を成功させた。また同時期、シャン州から侵入した中国国民党軍の残党がカレンの軍と共闘するようになった。この治安問題への対応を契機としてネィウィンは国軍の制度を整備し、一九五五年には士官学校を開設した。結果として、この時期には大幅な増兵がなされた[26]。このようにして、ビルマ独立時の国軍は、その直後から一九五〇年代にかけての政情により、バマーが主導する軍へとその姿を変えていった。

混乱する政局に加え、活発化した反政府勢力をおさえるには国軍の協力がなければ事態の収拾を図れないと判断した当時の首相ウー・ヌは、議会の承認を得たうえで、一九五八年一〇月に国軍の最高司令官であったネィウィンに一時的に政権を移譲するという方針をとった。軍主導の選挙管理内閣による政治は、治安の安定をもたらしたが、あらゆる行政組織に軍人が送り込まれ、この時期に国軍が政治を担う基本的な体制が準備される結果となった。[27] その後、一九六〇年二月に総選挙が実施されるとウー・ヌは政権に戻ったが、ウー・ヌは仏教の国教化を推進するようになった。アウンサンの方針では宗教の自由が尊重されるはずであったが、敬虔な仏教徒であったウー・ヌによる仏教普及の動きはすでに一九五〇年代からみられていた。それに対し、非仏教徒から強い反対があったにもかかわらず、彼は一九六一年八月には仏教を国教とする方針を打ち出した。特に、クリスチャンが多い旧辺境地域の住民にとってこのような一方的な押し付けは、パンロン協定で約束された連邦国家内での平等な権利を保障する方針の侵害だと認識された。仏教の国教化政策への動きは、単なる宗教統制への動きではなく独立時に付与された自治権を侵害するものであり、バマーによる独断的な中央集権化への動きの強化として捉えられ、危機感が募った。

このような一方的な政府の措置に反発した旧辺境地域の少数民族グループの間では、権利要求の機運がさらに高まった。それは抵抗を志す本格的な武装化か、または妥協を目指す協議の場の開催かという二つの動きに大別できる。[28] シャン、カチン、チンの武装化の動きは前者の動きを象徴する。なぜならば、独立前後から武装したカレンやモンと異なり、旧辺境地域の少数民族グループは連邦制を一旦は受け入れたという経緯から、この時点まで明確な武装闘争の姿勢はみせていなかったのである。ただし、明確な姿勢をみせていなかったが、一九五〇年代の中頃から一九六〇年始めにかけてラングーン大学在学中のシャンやカチンの学生などが中心となり、セミナーを開催したり、出版物などによる伝統文化振興の活動が始まっていたのも事実である。また、場合によっては武装闘争の実現もやむを得ないとの考えから徐々に武装化の準備を進めていたという経緯もある。[29] そのような状況下において、政府による一方的な仏教国教化という動きが武装化に拍車をかけたのである。

先に触れたとおり、シャン州では一九四九年一〇月に中華人民共和国が建国されてから中国国民党軍残党が州内に侵入し、村人から食糧を奪うなどの事件が起きるようになっていた。これに対しビルマ国軍は掃討作戦を展開し、一九五三年には国連に提訴するなどして対応していた。しかし、掃討作戦の名の下にシャン州の住民を強制的に移住させるなど、一般住民にとってパンロン協定で保障された自治権が侵害されたと捉えざるをえない対応がみられた。その結果として、独立後一〇年目にあたる一九五七年を過ぎた時点で、憲法で認められていた分離を望む声が上がるようになった。一九五八年にはシャン独立軍が結成され、一九五九年にシャン州で伝統的な政治体制から新しい行政区分へと移行されると改めて連邦国家の実現を求める声が高まっていた。また、カチンの武装化は一九五七年に当時ラングーン大学の学生であったゾウ兄弟によって開始され、一九六一年二月に軍が結成された[30]。さらに一九五八年になるとそれまで放置されていたチン州の設立を求める声が高まり、その後一九六四年にチンの武装化の動きがみられた[31]。

少数民族グループのもう一つの選択は非武装化で、具体的には、一九六〇年初めの連邦運動 Federal Movement である。初代ビルマ大統領であったシャンのサオ・シュエタイなど穏健派が中心となって、すべての民族の平等な権利を保障するために憲法修正の必要性などが話しあわれた。連邦国家の存続を前提とした、シャン州政府の公務員、政治家、議員らが憲法にそって穏便に問題の解決を図っていこうとする動きの第一歩である。一九六一年初めにはウー・ヌの仏教国教化に反対するため、シャンとカチンが中心となり、国家少数民族宗教同盟が設立された。この同盟には、クリスチャン、ムスリム、アニミズム以外に仏教徒も参加しており、異なる民族グループおよび宗教グループが協力して組織を結成したという点が特徴的である。また、一九六一年六月には、シャン州の州都タウンジーで、シャン、カレン、カチン、チンを含む二二六人の少数民族グループが参加した会議が開催されている。[32]具体的な提案は、少数民族グループの主要居住地に与えられているのと同じように、バマーの主要居住地にも一つの「バマー州」を設置すべきだというものであった。[33]

少数民族グループの立場からすれば連邦制を存続させるための「バマー州」の設置案であったが、少数民族グループの反政府活動に手をやいてきたネィウィンからすれば、国家を崩壊させかねない動きとして警戒された。それに対し、当時政界に返り咲いていたウー・ヌは少数民族が予定していた連邦セミナーの開催を認めていた。ただし、ウー・ヌがこの件について発言する予定であった前日に、クーデターが起こったため彼がどのような内容を話そうとしていたのかは不明である。一九六二年三月二日早朝にネィウィンはクーデターを決行した。少数民族グループの代表者が連邦問題を協議するために初めてラングーンを訪れていたときであった。記者会見で、クーデターを主導した一人のアウンジーは、その原因として「連邦制問題」を挙げ、当時シャン州を中心に要求が高まっていた連邦離脱権の行使は絶対に避けなければならないとの考えを示した。この一連の流れを受けて、クーデターの原因はシャンの分離要求であると語られることが少なくないが、連邦運動は分離要求のためのものではなく、アメリカのような連邦国家を実現するための働きかけであったという在外シャン人もいる。[34]

クーデター二か月後の一九六二年四月末にネィウィンは、独自の政治志向を打ち出した「ビルマの社会主義への道」を発表した。そのなかで「民族問題」については、文化の違いを重視しつつも、団結すべきというアウンサンの言葉を引用し、全国民に新しい愛国心を育成することの重要性を訴えた。[35]つまり、形骸化されていたとはいえ憲法で定められていた少数民族グループの権利を遵守するよりも、国家としての統一を重視するという立場を公言したのである。翌月には革命評議会を設置した。そして、一九四七年憲法の廃止、国会および州議会の解散、軍管区司令官を含む州務委員会の各州への設置など、中央集権的な制度を導入した。

一九六二年七月にはネィウィンを議長とする政党、ビルマ社会主義計画党（BSPP：Burma Socialist Programme

Party）を結成し、一九六四年にはＢＳＰＰ以外の既存政党をすべて解党した。クーデター直後から着手された経済の国有化政策では、それまでビルマの経済を主導していた英国、インド、中国などの外国資本を追放し、農業部門を除くほとんどの産業の国有化を実施していった。ここで注目したいのは、この動きに伴って海外の文化財団や宣教師は追放され、ミッションスクールを含む私立学校はすべて国有化されてしまった点である。その結果として、教育現場ではビルマ語教育が徹底され、さらにその副作用として少数民族グループの言語教育が制限されていった。また、クリスチャンの多い旧辺境地域では、教会の焼き払い、その跡地への仏塔の建設、教会の建設の禁止、関係者の逮捕などが報告されており、自文化を教育する権利や信仰の自由が剥奪されていった[36]。

ビルマ式社会主義とよばれるこの体制下では、植民地時代に芽生えたバマーのナショナリズムを根底とした国家の統一と経済のビルマ化が推進され、結果的にはバマーを中心とした国家の形成が強化された[37]。ここで注目したいのは、クーデターを決行した軍部だけでなく、植民地期に醸成されたバマーのナショナリズムに同調していた人びとが多かった、すなわちバマーは、ビルマ式社会主義体制の構築に概ね共感していたという点である。その根底には、ウー・ヌ政権への失望から国軍が政治を担うことへの一定の理解が示され、この体制が受け入れられたという側面がある[38]。バマー中心の国家形成の考えは、国軍のみならずバマーの政治家や一般人にも共有されており、それが少数民族グループの訴えに同調するより、武力を用いて彼らの動きを鎮圧してきた国軍に対して一定の理解を示すことになったといえる。そのような体制下で、少数民族グループはバマー中心の社会に埋め込まれていったのである。

一九六三年四月、ネィウィン政権は、ＢＳＰＰを通して反政府勢力に恩赦を呼び掛けた。その結果、シャンやカレンの一部が投降することになり、ＢＳＰＰは引き続き和平交渉の呼びかけを行った。カレン、カチン、チン、モン、カレンニーなどが応じる姿勢を見せたものの、最終的にはただ一つのカレン反政府軍が応じただけであった。[39]期待していたほどの成果が上がらなかったのを機に、ネィウィン政権は「四絶作戦（食料、資金、情報、新兵を絶つ作戦）」と揶揄される作戦を展開し少数民族グループへの攻撃を激化させた。この新しい作戦により、村が破壊され、移住を強要されるなど、一般住民にも被害が及んだ。また反政府勢力を支援していると疑われれば容赦なく攻撃されるなど、一般住民を巻き込む内戦となった地域もある。[40]なかには何の理由もなく撃たれる危険も報告されており、少数民族グループの人々にとっては単に自由が制限されただけでなく、生命にかかわる恐れに晒されるまでになった。[41]この時期に一般住民への攻撃が強化された要因として、クーデターにより政権を奪取した国軍が、政治的な介入に正当性を与え、「疑わしき」住民を排除するという軍事作戦の名の下でなされたとの指摘がある。[42]ビルマ国内での移動に関する統計がないため詳細は不明であるが、この時期以降、相当数の少数民族グループが、国内、可能な場合は国外に移動したと考えられる。そして、このような状態に対し、少数民族グループの武装組織はビルマ共産党とともに民族民主統一戦線を結成して共闘したが、一九六七年にビルマ共産党がシャン高原に本拠地を移してしまい、結局この連帯は崩壊してしまった。その後も一部に共闘の動きがみられたがうまくいかず、各反乱軍は国境地帯など奥地へ入り込みそれぞれが独自で活動を続けたが、効果は上がらず勢力は弱まる傾向にあった。

その後、新たに一九七四年憲法が施行され、軍政から民政への移管が図られた。一九七四年憲法では、それまで特別省であったチンと、独立直後から自治州を求めていたモンとアラカン（州名はラカイン）に州地位が付与されたが、既存の少数民族州に付与されていた離脱権および自治権は認められなくなった。また、政党はＢＳＰＰのみの一党制、議会は人民議会のみの一院制となるなど、独立時の憲法と比べて連邦制は後退した結果となった。教育や医療を受ける権利、宗教や表現の自由などの基本的な人権を認めているが、それは国家主権や国民統合を脅かさない範囲でなされなければならず（一六六条）、さもなければこれらの基本的な権利が制限されると規定されている（一六七条）[43]。少なくとも制度上は認められていた少数民族グループの権利が、この時点で消滅してしまったただけでなく、国民統合を阻害する場合には権利を剥奪されることが規定されていまい、それまでの反政府勢力の訴えが無視された結果となった。

ネィウィンは、血と歴史的経験をともにする「諸民族からなるビルマ人ファミリー」理論を展開し、固有の文化を尊重するより、民族、文化、宗教などの同化政策を進めた[44]。また、民族州における強制移住や強制労働が課せられるようになった。たとえば、一九八二年から八四年にかけて、カチン州北部だけで二三か所が無人地帯とされ、ビルマ軍が用意した自動車道路沿いの「戦略村」へ強制連行させられた[45]。「戦略村」では九五世帯、七〇八人が、ビルマ軍の監視下で暮らし、架橋工事、駐屯地への物資運搬など強制労働をさせられていた。一九八五年には、人権団体の国際奴隷制反対組織（ＡＳＩ：Anti-Slavery International）が、ビルマにおける少数民族グループへの弾圧について国連に報告し注意を促している[46]。また、被害当事者として、一九八七年には、カレン民族同盟代表団がヨーロッパを訪問し、ジュネーブの国連人権委員会役員やイギリス下院外務委員らとも面会し、その実情を訴えている。しかし、このような働きかけにもかかわらず、ネィウィン政権は、国際社会からの声に耳を傾けるよりも、バマー中心の国家形成を実現させるために少数民族グループの要求を押さえ込むという独自の国家運営方針を選択したため、少数民族グループにとっては抑圧的な日々が続いた。

一九八八年八月には、それまでのネィウィン体制への不満が噴出した形で、大規模な民主化要求デモが起こった[47]。その翌月には軍の介入によりデモが鎮圧され、そこで成立した政権、国家法秩序回復協議会（ＳＬＯＲＣ：State Law and Order Restoration Council）が当面の政治を担った[48]。ＳＬＯＲＣは、連邦崩壊の阻止、諸民族の分裂阻止、国家主権の確保という三つのスローガンを掲げた。このスローガンは、バマー側の視点からは違和感はないが、少数民族グループ側にすれば引き続きバマー中心の国家形成を念頭に描かれたものと映った[49]。後ほど具体例を述べるが、ここで注意しておきたいのは、このバマー中心の国家形成の考えは、当局だけでなく、反政府の立場にあった民主勢力側にも共通していたという点である。

一九九二年四月には、その後二〇年近く軍事政権を率いたタンシュエがSLORC議長に就任した。タンシュエは、これまでのバマー中心の国家のあり方を基本的に踏襲しており、たとえば、一九九三年二月の第四六回ビルマ連邦の日の式典で少数民族グループについてふれた際に、「本質的にはすべての連邦の血族、連邦の精神で結ばれた共通の血統を基盤にしており」、ビルマを構成する諸民族が「太古の時代からミャンマー連邦に連帯して暮らしてきた」と述べている。[50] これまでのバマー中心の国家形成を肯定するこの国家観に対し、少数民族グループは否定の声を上げた。しかしながら、この時期以降の軍事政権は、一九九四年一〇月までには一三の、そして一九九七年七月までには一七の少数民族グループの武装勢力と停戦協定を締結したことから民族問題解決に近付くかにみえたのも事実である。だが、結局は、停戦協定後に国軍の配備が増強され、一九八八年には一九万人と推定されていた国軍兵力が、二〇〇六年には約四五万人の規模にまで膨れ上がり、和平協定の締結にはいたらなかった。[51]

ビルマでは、少数民族グループが伝承してきた文化が消滅させられ、日々の生活にも支障をきたすようになった。教育現場では、すべての授業がビルマ語で行われ、バマーの功績を讃える歴史は学ぶが、少数民族グループに関する内容には一切触れられず、こどもたちが学校で自民族の言語を使用することも禁じられるなどの例がある。[52] そもそも、民族州では都市部から離れた地域には学校がない場合もあり、経済的余裕がない少数民族グループの子どもたちは学校に通えない現状や、初等教育を受ける機会に恵まれたとしても、高等教育機関が少ないことから、都市部への通学や下宿をさせるだけの経済力がある場合を除き、教育を継続できないという問題もある。固有の言語の使用制限、教育の機会や内容の偏りは、少数民族グループの雇用にも影響を与え、十分な教育を受けていても公務員として就職することはまれであり、仮に公務員として就職できたとしても昇格には見えない壁がある。国際人権団体の一つである地球の権利インターナショナル（ERI：Earth Rights International）は、当事者の証言をまとめた報告書のなかで、ビルマ当局による諸民族への弾圧を「制度化された差別」であると捉え、民族言語の使用に対する抑圧、伝統的な儀式や舞踏の禁止、教育を受ける機会の制限などを批判している[53]。報告書によれば、軍当局による違法な逮捕や暴力を用いての移動の強制や、強制労働や無償労働の命令など、住民に対する明らかな不法行為が民族州では公然と行われている。次章で定住ビルマ人の来日前の経歴を考察するが、この報告書と同様の経験をもつ少数民族グループは多い。

以上をまとめると、独立ビルマでは、議会制民主主義期、ビルマ式社会主義期、そして、軍事政権期と政治体制は異なるが、バマーを中心とした国家形成がなされてきたという共通点がある。そして、その背景には、少数民族グループの自由が制度的に制限され、不安全な環境におかれてきたのと同時に、国家分断をもくろむ危険分子である少数民族グループを討伐するという当局側の大義名分が、植民地期以降のバマー・ナショナリズムに沿って、バマーから支持を得ていたという背景がある。独立を主導し、バマー中心主義の政治家や軍人による統治により、少数民族グループは言語や宗教といった特有の文化を維持できなくなった。また、住み慣れた地域における身の安全が脅かされ、これまで受け継がれてきた日常生活を送ることが困難になった。独立ビルマにおける少数民族グループがおかれた立場をまとめると、少数民族グループが望んだ自治権を認めた連邦制は実現せず、バマーが権力を握る中央集権的な国家が形成され、国民として得るべき権利が十分に保障されずにあったといえる。この権利には少数民族グループの人びとの人権、そして各民族集団の権利の双方が含まれる。つまり、独立ビルマではバマー中心の政治の結果として、バマーと少数民族グループとの差別化が図られ、そこで差別的な扱いを受ける対象となったのが少数民族グループであった。

三　越境する少数民族グループ

軍事政権主導の経済政策の結果、一九八七年末には国連に後発開発途上国として認定されるにいたったビルマでは、各地で抗議デモや暴動が起きるようになった。その不満が頂点に達した結果、八八デモが起こった。このデモをきっかけに二六年間にわたるネィウィン体制は終わりを告げた。そして、八八デモ後にクーデターを起こした軍事政権は、同年一〇月にこれまでの社会主義から大きな方向転換となる市場経済主義への移行を宣言した。一九九〇年代以降、軍事政権は経済改革を実施し、それまでほとんど鎖国状態であった市場を開放する政策を順次実行した。本節では、この間の動きが少数民族グループの越境に与えた影響を考察する。

来日するビルマ出身者が増加したのは一九八八年以降である。繰り返しになるが、八八年直後にビルマから海外への出国が増加した直接の原因は、同年八月におきた民主化運動の参加者への弾圧から逃れるためであった。その当時、出国するにはブローカーを通してパスポートおよびビザを準備したと、これまで筆者が話を聞いたほとんどの在外ビルマ人は語る。渡航者が行き先を選択するのではなく、ブローカー次第で行き先が決まるという出国事情があったが、隣国のタイへ行くためのビザを得るのは容易であった。その後は自分が希望する行き先国を選ぶのではなく、ブローカーがビザを手配できる国が渡航先となるのが一般的な状況であった。亡命先としてアメリカやオーストラリアなどを希望した人は少なくなかったが、これらの国のビザを取得するのは困難であった。一方、日本への渡航は容易であった。その他の来日経緯としては、知りあいの日本人を保証人とし、観光ビザで入国する手続きもとられた。必要書類を手配できなかった活動家のなかには、まずはビルマ・タイ国境付近に逃れ、そこからタイ側へ逃げ込み、その後第三国へ向け出国した人もいる。

ビルマ国内の移動および国境を越えた移動について、公式な統計がないためその詳細は不明であるが、一九九〇年初頭からはタイへの出稼ぎ、二〇〇〇年代以降はマレーシア、シンガポール、中東などへの出稼ぎがふえている。[54]東南アジアでは有数の移民送り出し国であるフィリピンおよびインドネシアに加えて、近年、ビルマからの労働移民が増加しているとの指摘がある。[55]二〇一二年の統計などから、諸外国に暮らすビルマ人労働者は、総人口の約一割にあたる四〇〇〜五〇〇万人と見積もられている。[56]

経済改革によりそれまで公式には鎖国状態であった国境が開放され、モノだけでなく、ヒトの往来が急増した。一九九〇年以降、軍事政権は積極的に海外への出稼ぎを奨励、一九九八年には「海外就労に関する国家平和発展評議会法」が制定され、シンガポール、マレーシア、韓国などと二国間協定を結びビルマから労働者を送り出すようになった。制度施行から約一〇年が経過した二〇〇九年の報告では、この間、タイとマレーシアへ向かうビルマ出身者が多かったが、少数民族グループ（シャン、モン、カレン）はタイへ、そしてバマーはマレーシアに向かう傾向が確認できる。[57]さらに、この行き先の違いは法手続きの違いにも現れており、陸路で越境するタイへは合法だけでなく非合法な手段で入国し就労するが、空路で入国するマレーシアへは合法な手段を用いる。詳細データがないため越境者の民族グループや出身地等は不明であるが、[58]そもそもタイにおけるビルマ出身の労働者といえば、国境を接するシャン、カレン、モンの各州出身者の比率が高い点が指摘されている。[59]国境を接している少数民族グループにとって、たとえば小川をまたいで隣村に一時的に農作物の収穫に行くといった気軽さでビルマ領とタイ領を行き来しながら働き、それによってＢＳＰＰ期の生活をしのいでいた人びともいる。それが突然の制度設定により正式な手続きを経て出稼ぎをしなければならなくなったのであるが、公式な手段を経るには認可された代理店を通して手数料を払い手続きをしなければならず、諸事情によりそれができない人もいる。しかしながら、日々の生活を賄う必要があることには変わりはなく、必然的に不法な手段、すなわち違法業者による不法なルートや個人的なネットワークを利用せざるを得なくなったのが、シャン、モン、カレンといった各少数民族州から越境する人々であった。

たとえば、独立ビルマにおけるシャン民族の越境状況がその一例である。すでに述べたようにビルマ東北部に位置するシャン州では、一九五〇年代以降に中国国民党軍の残党が越境し治安が悪化した。この時期をきっかけにタイ側に移り住んだ人たちのなかにはすでに三世がうまれた人もおり、タイの市民権が与えられている人もいる。それに続く八八デモを契機とした越境、さらに一九九六年にビルマ・タイ国境を拠点としていた麻薬王クンサーがビルマ政府側に投降したことをきっかけに、両国軍が一触即発の事態となり、危険回避のためタイ側へ越境する一般住民が増加した。国境を接したシャン州からタイ側への越境は、日本で一般的に考えられる海外渡航の概念とはかなり異なり、正規の在留資格を持たない「不法入国」が一般的な越境手段となる。このような「不法入国」および「不法滞在」のシャンがタイ国内で就労を可能にしたのは、一九九〇年代にブームとなったタイ人の中東などへの出稼ぎがその背景にあった。つまり、当時のタイ国内の労働力空洞化を補てんしたのが、シャンをはじめとするビルマからの越境者であった。職種の中心はタイ人労働者が避けるようになったいわゆる三Kの仕事であった。在留資格のない、オーバーステイ状態のシャンはタイの雇用主にとっても搾取や突然の解雇などが容易にできる都合のよい存在であったといえる。

タイにおけるビルマ出身者の生活はどうなのか。国民党軍の攻撃などを経験し、一九八三年にシャン州からタイ領域に越境したWさんは、タイでの生活がよいといえるかどうかは簡単に判断できないが、少なくともタイ国内ではビルマ国軍によって危害を加えられることはないという明らかな事実があると強調した。[60] ビルマ領域内では、国軍側の圧力によりポーターや兵士にさせられたり、なかにはレイプされるなどの危険な目に遭う可能性があるが、タイ領域内ではその危険はない。Wさんの考えでは、自分たちは明らかに難民であるが、シャンのための難民キャンプや越境したシャンを保護する施設等はタイにはないという。

タイ政府の見解では、Wさんたちは移住労働者だとみなされている。在タイのビルマ人労働者はよい生活を営んでいると捉えられているが、外国人としての生活はさまざまな困難を伴う。タイの生活はビルマ国軍による危険はなくても、男女ともに、性産業や労働搾取工場に売られるなどの危険と隣りあわせであり、また正規の在留資格をもたない場合は、最低限の権利も守られない脆弱な立場で働き、暮らさなければならない。滞在が長期化すれば家族形成がすすみ子どもを授かる人もいるが、難民、移住労働者、国内避難民などいかなる立場にあっても、多くのシャンの人びとは無国籍の状態であり、それにまつわる問題やその他にも「いろいろな問題がありすぎて簡単には解決できない」という。

別の事例として、ビルマ最北端のカチン州からの越境を考察してみたい。カチン州は、翡翠、金、チーク材、ウランなどの天然資源が豊富な地域である。天然資源に関する法律として一九八九年に国有企業法が制定され、チーク材、石油および天然ガス、ヒスイおよび宝石、鉱物資源などの産出と販売は国家の管理下におくことが規定されている。

一九九〇年代中ごろ以降、日本、中国、韓国、インド、タイなどの政府や企業がこれらの地域に関心を示し、なかでもビルマ軍事政権は同州内に駐屯する部隊を増加させるなどして開発を拡張している。これらの開発の結果として自然は破壊され、住民は強制労働に駆り立てられるようになった。そのうえ、労働に必要な道具や材料をはじめとして、国軍兵士が食べるための家畜や食料などまで取り立てられてしまうということが頻発した。そのために、農作業など住民自身の生活の糧を得るための労働ができなくなることもしばしばあった。一九九四年に締結された停戦協定は二〇一一年に破たんし、それ以降はビルマ国軍による戦闘攻撃が続き、数万人規模の国内避難民および国際難民をうみだしている。生活の場を失った住民のなかには、標的とされる土地を離れる人や、アヘン取引や売春などの不法な行為に加わり生活に必要な収入を得るといった道しか残されていない人もいる。就労や教育を目的にヤンゴンやその他の都市部に移住したり、ヤンゴンを経由し海外へ出国する人もいる。出国準備には多額の借金をして仲介者に便宜を図ってもらわなければならないが、開発事業の結果として国境の町に性産業が発達し、カチン女性が騙され、性産業への従事など人身売買の被害者となるケースも報告されている。(61)

一九八八年以降もさまざまな要因によりビルマの少数民族グループが、安全で平和な暮らしを望み、国境を越えていることがわかる。一九九〇年以降の経済改革の流れのなかで、海外への出稼ぎを推進する動きがビルマ国民の流出を後押しし、越境する人が増加した。これらのすべての人が政権による経済発展の施策の枠組みにそって出国したわけではない。制度が整備された結果、その制度の枠外にはみでる層がでてきた。その一部が少数民族グループであった。シャンの例では、越境が制度化される以前から人びとは国境をまたいだ生活を営んでいた。それは安全な生活を求めたり、また生きていくために必要な収入を得るために不可欠な行為であった。それが、制度化された後にも引き継がれている。タイとの外交関係などの要因により、タイ国内にはシャンのための難民キャンプはないが、シャンの中にも難民として支援されるべき人が多くいる。カチンの例では、軍事政権が主導する開発事業の結果として、安全な生活が送れなくなった地元住民が住み慣れた土地を離れている状況が把握できた。さらに民族州では教育や就労の機会が限定的であることから、都市部へ移動する、またその後に海外へ出国するというケースもある。国内避難民もまだ多く残っており、少数民族グループにとっては国内移動、国際移動ともに日常的に繰り返されているといえる。

四　国民和解への取り組み

多民族から構成される独立ビルマでは、少数民族グループをいかに「ビルマ化」させるかが中心的な政治課題の一つであった。ＢＳＰＰは、国有化による「経済のビルマ人化」、そして、一党独裁体制による「政治のビルマ人化」を実施し、それが経済の疲弊を引き起こし、少数民族グループだけでなくバマーを含むビルマ国内の人びとの生活を混乱させた[62]。その不満が八八デモを引き起こし、そのデモがふたたび国軍によるクーデターによって押さえ込まれ、民主的な政治体制から遠ざかってしまったのは、すでに述べたとおりである。その後に比較的公正な選挙であったといわれる一九九〇年の総選挙が実施されるが、選挙前には民主化勢力のリーダーであるアウンサンスーチーを自宅軟禁し、最大野党のＮＬＤが圧勝した選挙の結果を反古にするなど、軍事政権の政権運営は民主化を求める人びとの期待を裏切るものであった。

ところで、この選挙結果には本書とのかかわりにおいて重要な動きがある[63]。四八五議席中三九七議席を獲得したＮＬＤであったが、残りの八八議席に目を向けるとビルマ国内の別の問題があぶり出されてくる。その問題とは、正しく本書が注目しているバマーと少数民族グループとの連帯にかかわり、この残り議席の八割以上を少数民族勢力が獲得しているのである。バマーが多い選挙区ではＮＬＤがほとんどの議席を獲得しているが、少数民族グループが多い選挙区では民主化勢力ではなく、少数民族グループの政党が議席をのばした。つまり、両者は連帯し与党に抗っていたのではなく、競合関係にあったのである。ただし、両者の接点が全くなかったわけではない。一九八九年七月一五日には少数民族政党の連合体である連邦民族民主連盟の代表者とアウンサンスーチーが会合をもち、その当時の民主化運動には少数民族グループの権利という観点が含まれておらず、両者の平等な権利なしには民主化は達成できない点が協議された[64]。それに対しアウンサンスーチーは、この点について十分に認識しており、現状下でどのように行動に移していくのかについて協議すべきとの意見がだされた。しかし、この会合の直後にアウンサンスーチーはふたたび自宅軟禁されてしまい、彼女抜きのＮＬＤではバマー中心の考え方が多勢であったため、民主化勢力の民族問題への考え方はその後後退してしまった[65]。

その後、ＮＬＤを中心とした民主化の動き自体が押さえ込まれ、またＮＬＤと軍事政権との対話についても進展はみられず、少数民族グループが政治の場で重視されることはなかった。この状況を映し出しているのが、一九九〇年選挙に引き続き、民主化勢力と少数民族勢力との競合がみられた二〇一〇年、さらには二〇一五年選挙の結果である。例えば、ＮＬＤが参加しなかった二〇一〇年総選挙で民主化勢力の受け皿となったのは、ＮＬＤの方針に賛同できなかった元ＮＬＤ党員が結成した新党、国民民主勢力ＮＤＦ：National Democratic Force であった。ＮＤＦ全体の結果としては勝利したとはいえないが、ヤンゴン選挙区においては二～三割の得票率[66]を得て連邦議会で善戦した[67]。ただし、この結果は、少数民族グループの多い民族州では事情が異なっていた。政府翼賛組織である連邦連帯開発協会ＵＳＤＰ：Union Solidarity and Development Association の勝利で終わったこの選挙にありながら、民族州では、連邦議会、管区・州議会ともに少数民族勢力が四割前後の議席を獲得したのである。二〇一五年選挙においても、七つの管区では九六・二％を獲得したＮＬＤが、少数民族州ではその約半分の五五・〇％に止まり、代わりに少数民族政党が健闘した[68]。これらの選挙結果からいえることは、民主化勢力はバマーが多く居住する地区では強いが、民族州では少数民族勢力が根強い支持を得ているということである。ビルマ政治の場では、軍事政権側と民主化勢力という対抗軸が存在するとともに、一九九〇年選挙時と同様にバマーと少数民族グループとの対抗軸が「民政移管」後も引き続き存在している。

二〇一〇年、二〇一五年の選挙結果を受け、アウンサンスーチーも本格的に少数民族勢力を重視する姿勢をみせている。三度目の自宅軟禁から解放された直後の二〇一〇年一一月に少数民族勢力と会合をもち、「二一世紀のパンロン会議」開催の重要性を強調するようになった。二〇一一年七月二八日には当時の大統領テインセインと少数民族武装勢力に対して和平を求める公開書簡を出し、政府側にも民族問題解決への意向がみられた。日本およびタイで実施した筆者の聞き取り調査においても、「二一世紀のパンロン会議」への期待が大きく、この動きを歓迎している声が多かった。少数民族組織と個別に交渉を進めたい政府意向に対し、少数民族グループ側は武装組織連合体である統一民族連邦評議会UNFC：United Nationalities Federation Councilを窓口として包括的な解決を目指した。しかし、一部の組織は停戦協定に署名した一方で戦闘中の組織もあり、少数民族グループ側も一枚岩ではない。

二〇一六年八月には第一回目の、二〇一七年五月には第二回目の「二一世紀のパンロン会議」が開催されたが、抜本的な問題解決の糸口を見出す局面には当然のことながらいたっていない。しかし、独立から半世紀以上を経て、少数民族グループを多数派バマーに同化させるのではなく、相互の同意が重要であるとの考えがビルマ国内で共有されてきているのも事実である。NLD政権下においても少数民族勢力との交渉が民族問題解決に向けてうまく機能しているとはいえないが、独立以来の課題である中央集権的な国家形成を改善するために少数民族グループと対話を持つことの重要性については共通の認識がなされるようになってきたという点に意義が見出せるといえよう。第四章で考察するように日本定住ビルマ人の間にエスニシティを超えた連帯が育まれるようになるが、それがビルマの政情改善に不可欠なものとして捉えられることを端的に象徴しているといえる。半世紀以上にわたる民族問題を数日間の協議だけで解決するのはもちろん不可能であり、今後長期にわたり継続的な働きかけがなされることになるだろう。

五　小結

ビルマでは、少数民族グループがどのように扱われ、位置付けられてきたのか、また、越境にどのような影響を与えたのか。独立ビルマの準備期の特徴を一言でいえば、植民地支配下で醸成されたバマー中心の考え方が国家形成の主軸となってしまったということである。独立前には、バマーと少数民族グループとの仲介を中心的に担っていたアウンサンが独立準備中に暗殺され、その後、少数民族グループの意見が反映されないままにバマー中心の国家形成に向けての準備が進められた。その間、少数民族グループとバマーは信頼関係を築くことができず、わだかまりを残したままビルマ連邦として独立に加わった。まず、このような出発点が、ビルマの民族間関係を複雑なものにしてしまった。ただし、最近になり、少数民族グループを交えた国家形成の重要性が共有されるようになっている。

独立後にも継続して中央集権的な国家形成が継続され、少数民族グループには国民としての権利が十分に保障されなかった。そして、独立を主導したバマー中心の考えを持つ政治家や軍人による統治により、さらに中央集権化が進み、少数民族グループは固有の文化を維持できないばかりか、場合によっては安全な生活を送ることが困難になった。その結果としてBSPP期にはすでに強制的・自発的な移住が起きていた。つまり、バマー中心の政治の結果としてバマーと少数民族グループとの差異化が図られたといえる。

一九八八年以降、ビルマの少数民族グループの越境はますます増加している。その要因として、まず一九九〇年以降の経済改革の流れのなかで海外出稼ぎが推進されたという制度面を挙げることができる。本章の関心からは、その制度の枠組みからはみでる層のなかに少数民族グループが含まれていた点に着目し、シャンとカチンを具体例として考察した。シャンにとっては、制度化される以前から、安全な生活や生活維持のための越境は不可欠な行為であり、それが制度化された後にも引き継がれた。またカチン州では、軍事政権が主導する開発事業の結果として、安全な生活が送れなくなった地元住民が住み慣れた土地を離れ越境するケース、さらに教育や就労の機会が限定的であるためにヤンゴンや海外へ移住するというケースを確認した。つまり、少数民族グループにとっては制度化される前から越境は日常的に行われていたといえる。

　これまで日本定住ビルマ人の越境要因については、八八デモへの参加にともなう弾圧から逃れるためというのが定説であった。しかし、本章で考察したように、多様なエスニシティから構成されるビルマにはさまざまな経歴や経験を持つ人びとが暮らし、特にビルマ独立以降、周辺化されてきた結果として少数民族グループの越境が見受けられる。これは、来日後のビルマの少数民族グループの行動や葛藤などを理解するために不可欠な視点である。

注

（1）イギリス統治により分割されていた辺境地域を連邦国家として同時に独立させるため締結された協定。一九四七年二月にビルマ独立の主導者アウンサンがシャン州パンロン（ピンロン）で開催したパンロン会議にて調印された。

（2）一九七四年憲法では管区（Division）とされていたが、二〇〇八年憲法で管区域（Region）に変更された。日本定住ビルマ人を対象とした本書の考察対象時期一九八八～二〇一三年のほとんどの時期に管区であったことから本書では管区と表現する。

（3）田村克己一九八三「地域研究Ⅱ：東南アジア――ビルマにおける民族問題と国家統合」『金沢大学文学部論集：行動科学科篇三』：四五―五六

（4）具体的な数字として、教育行政分野の副視学官七三名のうち一二名、林業分野の最下級官職の現地人メンバーの六分の一がカレンであったとの記述がある（池田一人「カレンの歴史」『ミャンマー概説』めこん、二〇一一年、二四五―二四七頁）。

（5）Charney, Michael W.2009.“The colonial centre”, *A History of Modern Burma.* Cambridge University Press, pp.18-45.

（6）大きな変化はなかったが、植民地体制に組み込まれ、勢力均衡を伺いながらの生活を余儀なくされたのは紛れもない事実である。

（7）Smith, Martin.1999.*Burma Insurgency and the Politics of Ethnicity* (Revised and updated edition), The University Press Dhaka, White Lotus Bangkok and Zed Books Lts London・New York., Charney, Michael W.2009, p.37

（8）その不満の具体的な表れの例として、シャンの土侯は、アウンサンがシャンの意向を代表しているのではない旨を記した電報を、直接英国側の交渉相手であるアトリー首相に送り、また辺境地域行政官もアウンサン一行が辺境地域を代表しているのではないと念を押す内容の電報を自国の政府宛に送ったことが挙げられる（Chao Tzang Yawnghwe.1987. The Shan of Burma: Memoirs of a Shan Exile. Institute of Southeast Asian Studies,p.99., Tinker, Hugh, ed. 1984.Burma The Struggle for Independence 1944-1948: Documents from official and private sources Volume II, ed. Her Majesty's Stationery Office, p.218)。

（9）根本敬『アウン・サン――封印された独立ビルマの夢　現代アジアの肖像（一三）』岩波書店、二〇〇三年、一六六―一六九頁。

（10）日本でもこの日を記念して定住ビルマ人主催の式典が開催されている。

（11）Anti-Fascist People's Freedom League。一九四四年八月に、ビルマ独立軍、ビルマ共産党、人民革命党の三団体が抗日闘争を目的として結成した組織。

（12）根本敬、二〇〇三年一八〇―一八三頁。Silverstein, Josef.ed. 1993. *The Political Legacy of Aung San:* Revised Edition. Cornell Southeast Asia Program, p.158.

（13）Lian H. Sakhong.2003. *In Search of Chin Identity: A Study in Religion, Politics and Ethnic Identity in Burma,* Nordic Institute of Asian Studies Monograph Series, No.91, p.216.

（14）Joint Action Committee (The Federal Constitution Drafting Committee, Supporting Committee for State Constitution, Women's League of Burma), 1948. Seminar on Basic Principles for a Future Federal Constitution (Feb. 9-12,2005), p.34.

（15）Constituent Assembly of Burma.1948.“RIGHTS RELATING TO RELIGION, 21(1)”, The Constitution of the Union of Burma, pp.4-5.

（16）Maung Maung.1959. *Burma's Constitution, The Hague Martinus Nijhoff.* p.98

（17）Tinker, Hugh. 1957. *Union of Burma: A Study of The First Years of Independence,* Oxford University Press, p.30.

（18）一九五一年にカヤー州になった。

（19）Smith Martin 1999, p.79

（20）一九七四年にチン州になった。

（21）カレン州が正式に設立されたのは一九五四年、モン州とヤカイン州はそれぞれ一九七四年に設立された。

（22）池田一人「ビルマ独立期におけるカレン民族運動」『アジア・アフリカ言語文化研究』六〇、二〇〇〇年、三七―一一一頁。齋藤瑞枝「一九五〇年代におけるアラカン人仏教徒議員の新州設立要求」『東南アジア研究』三七巻四号、二〇〇〇年、五三五―五五五頁。Matthew J.Walton. 2008. “Ethnicity, Conflict, and History in Burma: The Myths of Panglong”, Asian Survey, Vol.48, pp.889-910.

（23）伊東利勝「ミャンマーと民族問題」早稲田大学アジア研究機構『ワセダアジアレビュー』（一四）：二〇一三年、三〇―三五頁。

(24) 根本敬『抵抗と協力のはざま――近代ビルマ史のなかのイギリスと日本　戦争の経験を問う』岩波書店、二〇一〇年、二二三―二二五頁。
(25) Callahan Mary.2003, *Making Enemies: War and State Building in Burma,* Cornell University, pp.114-144.
(26) Ibid.: 145-171.
(27) 大野徹「ビルマ国軍史（その三）」『東南アジア研究』八巻四号、一九七一年（c）、五三四―五六五頁。
(28) Chao-Tzang Yawnghwe and Lian H. Sakhong ed. 2003, Federalism State Constitutions and Self-Determination in Burma [Report on State Constitutions Drafting Process], UNLD Press, pp.73-74.
(29) Chao Tzang Yawnghwe.1987, pp.3-44.
(30) Smith Martin 1999, pp.190-195
(31) チンの武装化が一九六四年になったのは準備の都合などによる遅れが要因である。また、一般的に捉えられている一九六二年のクーデターがきっかけとなったのではなく、この時期の仏教の国教化への動きがきっかけであった（Chao-Tzang Yawnghwe and Lian H. Sakhong ed. 2003, p.74）。
(32) Chao Tzng Yawnghwe.1987, pp.119
(33) この考えは、一九六一年二月のシャン州議会にて、憲法修正案としてだされていた（大野徹、一九七一c、五四八―五五一頁）。その後も、一九九〇年のアウンサンスーチー解放後に少数民族勢力と協議を持った際にも話題にのぼり、また、在タイのビルマ出身の活動家に二〇一一年時点でも共有されている。
(34) Chao Tzng Yawnghwe1987, pp.118.
(35) 根本敬、二〇〇三年、一八〇―一八五頁。
(36) ベネディクト・ロジャース『十字架を背負って　ビルマ軍事政権によるキリスト教徒の活動制限・差別・迫害』カチン機構（日本）、二〇〇八年、二一―四二頁。
(37) 桐生稔「民政移管とビルマ経済の現状」『アジア経済』一五（七）、一九七四年、九六―一〇一頁。
(38) 桐生稔、西澤信善『ミャンマー経済入門　開放市場への胎動』日本評論社、一九九六年、四九―五二頁。根本敬、二〇〇三年、二〇〇―二〇二頁。
(39) Steinberg David I. 1982, "Military Rule in Burma, 1962-1980", Burma: A Socialist Nation of Southeast Asia, Westview Press, pp.83.
(40) 吉田敏弘「生命の連なりを未来に――北ビルマから中国雲南省と北タイにかけての民族間関係と民族・国家間関係と民族内関係をめぐって」『東南アジア研究』三五巻四号、一九九八年、二六八―二九一頁。

（41）Smith Martin 1999, "The North-East Command and the Four Cuts", Burma Insurgency and the Politics of Ethnicity, pp.258-27.

（42）中西嘉宏『軍政ビルマの権力耕造　ネー・ウィン体制下の国家と軍隊一九六二—一九八八』二〇〇九年、二三二—二三三頁。

（43）ビルマ連邦社会主義共和国一九七四年憲法（Government of the Union of Burma (03 January 1974), "The Constitution of the Socialist Reppublic of the Union of Burma (The 1974 Constitution)", Onlin Burma/Myanmar Library, http://www.burmalibrary.org/docs07/1974Constitution.pdf）二〇一三年一一月二一日閲覧。

（44）マーティン・スミス著、高橋雄一郎訳『世界人権問題叢書二〇　ビルマの少数民族　開発、民主主義、そして人権』明石書店、一九九七年、二八頁。

（45）ほかにも、一九八五年三月から一年間で二四の村が廃村になり、三四八世帯の一八七八人が強制移住を強いられたか、または自主的に移住し難民となった。一九八七年五月から一か月の間には、一八の村で七五〇の民家が焼かれたうえ、男性二五人、女性一四人が虐殺されている（吉田敏浩『森の回廊　ビルマ辺境民族解放区の一三〇〇日』ＮＨＫ出版、一九九五年）。

（46）マーティン・スミス著、高橋雄一郎訳、一九九七年。

（47）前年の一九八七年九月に流通していた紙幣の一部が突然使用禁止となった廃貨措置が採られた時期から、国民の不満が表面化したという見方（ベネディクト・ロジャーズ著、秋元由紀訳、根本敬解説『ビルマの独裁者タンシュエ　知られざる軍事政権の全貌』白水社、二〇一一年、九六頁）、同じ年の一九八八年三月にラングーン工科大学の学生と地元有力者の息子の間に起きた喧嘩への警察の対応を巡って起きたいざこざが発端という見方（田辺寿夫、根本敬『ビルマ軍事政権とアウンサンスーチー』角川書店、二〇〇三年、二〇—二二頁）などがある。

（48）一九九七年一一月、ＳＬＯＲＣは国家平和発展評議会（State Peace and Development Council: ＳＰＤＣ）に引き継がれた。

（49）伊東利勝ほか、二〇一一年、四〇—四三頁。

（50）マーティン・スミス著、高橋雄一郎訳、一九九七年、二九頁。

（51）秋元由紀「国際的水力開発は何をもたらすのか」『月刊オルタ　特集タイとビルマ民主主義の行方』アジア太平洋資料センター、二〇〇六年、二六—二八頁。

（52）増田知子「ミャンマー軍政の教育政策」工藤年博編『ミャンマー政治の実像——軍政二三年の功罪と新政権のゆくえ』アジア経済研究所、二〇一二年、二三五—二六九頁。

（53）Jed Greer and Tyler Giannini. "Valued less than a milk tin: Discrimination Against Ethnic Minorities in Burma by the Ruling Military Regime", Earth Rights International-Homepage、二〇一三年一〇月二三日閲覧。

（54）水野敦子「ミャンマー中部乾燥地域からの労働力流出と村落経済——ニャンウー県ジョーピンター村における調査報告」

龍谷大学アフラシア平和研究センター『アフラシア研究』九、二〇〇九年、一―二二頁。

(55) Sofia Gaspar and Khatharya Um ed., 2016: *Southeast Asia Migration: People on the Move in Search of Work, Refuge and Belonging*, Sussex Academic Press., pp.1-4.

(56) 江橋正彦「ミャンマーにおける国際労働移動の実態と課題」トラン・ヴァン・トウ、松本邦愛、ド・マン・ホーン編『東アジア経済と労働移動』文眞堂、二〇一五、一三二―一三三頁。

(57) Aung, Winston Set. 2009,“Illegal Heroes and Victimless Crimes: Informal Cross border Migration from Myanmar” Institute for Security and Development Policy, Asia Paper, pp.5-56

(58) ビルマ在外労働者の七四・三％がタイを行き先としているとの報告がなされている。The Republic of the Union of Myanmar Ministry of Labour,2016. Immigration and Population Department of Labour in collaborateon with the International Labour Organization2015, Executive Summary of Myanmar Labour Force, Child Labour and School-to-Work Transition Survey.p.21

(59) 水野敦子、二〇〇九年、三―四頁。橋本（関）泰子「タイにおけるミャンマー人労働者のエスニシティとナショナリティ――モーン族の事例を中心に」佐々木衛編著、二〇〇七年、一四一頁。

(60) 二〇一二年二月二七日にタイのチェンマイにて実施した聞き取り調査より。

(61) Kachin Women's Asociation Thailand, “Driven Away Trafficking of Kachin women on the China-Burma border: A report by Kachin Women's Association Thailand (KWAT)”, 2004

(62) 伊東利勝ほか「ミャンマー的国民国家の枠組み」伊東利勝編『ミャンマー概説』めこん、二〇一一年、四三―四八頁。

(63) 伊野憲治、一九九五年。伊東、二〇一一年、五二―五五頁。

(64) 伊野憲治、二〇一一年、四八―五二頁。

(65) 同上、五二―五四頁。

(66) 人民代表院四五議席中八議席、民族代表院一二議席中四議席を獲得。

(67) 工藤年博「二〇一〇年ミャンマー総選挙結果を読む」工藤利博編『ミャンマー政治の実像――軍政二三年の功罪と新政権のゆくえ』アジア経済研究所、二〇一二年、四一―七〇頁。

(68) 工藤年博「二〇一五年ミャンマー総選挙結果を読む」長田紀之、中西嘉宏、工藤年博『情報分析レポート（二七）ミャンマー二〇一五年総選挙――アウンサンスーチー新政権はいかに誕生したのか』アジア経済研究所、二〇一六年、四五―七〇頁。

第三章　来日前の経歴から考察するエスニシティ

ビルマは一九四八年一月に独立した。さまざまな少数民族グループが、ビルマという独立国家に組み込まれてすでに七〇年が経過しているといえる。このことは、定住ビルマ人の来日前の生活に大きな影響を与えているが、序章で確認したように、この点に注目した先行研究はない。本章ではこの点を重視し、少数民族グループのエスニシティを来日前の経歴から考察する。具体的には少数民族グループのビルマ国内での居住地および国内移動などを含む定住ビルマ人の来日前の経歴に注目する。この経歴は、当事者のエスニシティのあり方を決定する重要な要素であり、日本定住ビルマ人の変容を解明する本書では不可欠な考察である。本章では、少数民族グループの居住パターンごとにエスニシティの特徴をあげ、さらに、来日前の少数民族グループには「ビルマ人」という意識が希薄であった点を明らかにする。

一　来日前の経歴と民族意識

特定の人びとを集団として捉えるには、生物学的または肉体的な特徴を基準とした人種集団と、言語や生活様式などを基準としたエスニック集団または民族とに分類でき、それぞれの集団の存続には、構成員が集団の存在と境界を認識し、かつ、過去、現在、未来にわたり生活と運命を共有するという集団への帰属意識をもつ必要がある。[1]民族やエスニシティの定義は学者の数ほどあるといわれるが、主なものは人種主義学説、同化主義学説、多元主義学説である。近年の傾向として、人種主義学説は否定され、同化主義学説には疑問符が付けられている。残る多元主義学説のなかでは、民族へのこだわりを感情的、非合理的、生得的なものとみる心理や生物主義的諸学説より、政治的、経済的利益追求のためとみるエスニック集団競合論、エスニック・エンクレイブ論などが注目されている。多元主義におけるエスニック・バウンダリーは、シンボリックな主観性を強調するため、集団の境界は可変的で変わりやすいものと捉えるが、人種主義では、先祖の同一性や地縁血縁を重視し、境界を固定的に考える傾向が強い。何れかの学説が絶対的に正しいわけではなく、補完性が重視され、柔軟な視点の必要性が認識されている。

民族の決定要因は、誰が、どの時点で、何を目的としているのかによって左右される「相互関係の場で可変的なもの」[2]で、外的要因が「名づけ」の契機ともなる。「名づけ」とは、国家に代表される制度化された社会において、少なくとも三つ以上の小集団がある場合に、中間集団「名」が付けられることを指す。[3]そして、この「名づけ」に対する当該集団側からの応答として、その「名づけ」られた名を使うか、それ以外の名を使うかは別として、「名乗り」という行為が民族を生み出すメカニズムの初源となり、「国家」による「名づけ」に対する「名乗り」のあり方が、その民族のあり方に影響を与える。[4]

ビルマの文脈における民族の「名づけ」と「名乗り」の特徴について、半世紀以上、反政府闘争を続けている点が強調されるカレン民族の事例が示唆的である。そこでは、「ある実体を備えた一つの「民族」として、「カレン」とわれわれが予断を持って総称する集団性は、実は、ミャンマーの植民地時代にこの植民地空間において起こったさまざまな社会変容を背景に喚起された諸種の自意識が、各々の事情で顕在化し、のちに互いに交錯し、葛藤し、あるいは和合して生成してきた意識の複合体の一つの位相であり、一つのものとなっているとはとうてい言えない。これは、ミャンマーのほかの民族をめぐる諸意識にも通底する事情であろう」と指摘される。筆者が日本で接した、ビルマ出身者も、宗教や言語といった表面的な差異だけをみても多様であるし、同じ民族であっても、当局との関係、生まれた時期や地域によって、「名づけ」「名乗り」のあり方は異なる。したがって、本書においてもこの考察結果を参考にし、民族を「さまざまな社会変容を背景に喚起された諸種の自意識が、各々の事情で顕在化し、のちに互いに交錯し、葛藤し、あるいは和合して生成してきた意識の複合体の一つの位相」と定義したい。

ビルマには民族名のついた七つの州があるが、それぞれの州に単一の民族だけが居住しているわけではない。たとえば、カチン州にはカチンが四割弱、シャンとバマーが全体の三〜四分の一を占め、モン州にはモンとバマーがそれぞれ四割弱、カレンが一五％程度を占める[5]。バマーが多いとされる中央平野部においても混住はみられ、特にヤンゴンでは各州出身者も居住している。前章で考察したように、これらの少数民族州のなかには、戦闘状態が続いていたり、ビルマ国軍による焼き討ちなどにより住むところを失ったり、生活を支えるため仕事を求めてやってくる少数民族グループもいる。そのような生活環境に対して、来日前にビルマ国内や国境で反政府活動にかかわっていた少数民族グループもいるが、実際は参加していない人の方が圧倒的に多い。本章で分析した二二名のインフォーマントは日本で組織活動にかかわっているが、そのうち来日前に武装闘争にかかわっていたのは全体の一割強の三名のみであった。多くの少数民族グループにとって、反政府活動、なかでも武装組織へのかかわりは簡単に足を踏み入れる事のできない非日常的な行動である。何よりも人は生活を維持するために働き、家族を養わなくてはならない。それを放棄して活動に専念するには、働かなくても食べていける環境が不可欠である。また、権力者などの知りあいがいなければ、たとえば家族が危険な状態におかれても身の安全を確保できない。したがって、そのような伝手がない一般庶民は、波風を立てないよう静かに暮らすしかない。在ヤンゴンのある少数民族グループの人は、軍事政権下の少数民族グループは「見ざる、聞かざる、言わざる」を徹底して暮らすしかなかったと説明した(6)。

独立ビルマの少数民族グループをとりまく課題は、「民政移管」後もさまざまな局面で問題を引き起こす可能性があることから、ビルマ当局も当事者も、第三者がこの問題にかかわることに対してはかなり敏感である。少し前になるが、筆者は二〇一三年二月にヤンゴンに形成されている少数民族コミュニティを複数箇所訪問し、軍事政権下における少数民族グループの生活の様子を聞き取ろうとした。しかし、先のシャンのインフォーマントの説明に代表されるように、具体的な対策については皆が一様に口を閉ざし、静観が最大の方策であったという曖昧な回答しか得られなかった。ヤンゴンの少数民族インフォーマントへの接触は、日本定住ビルマ人を通して紹介してもらい、筆者が当局側の人間ではない旨を事前に説明してもらっていたが、それでも少数民族グループの生活状況を聞きだすのは困難であった。

日本定住ビルマ人研究においても、ビルマの民族問題自体が不可視な存在であったことに加え、当事者に接する機会が限定されていたことから、初期の先行研究ではほとんど触れられていない。また、本章で明らかにするように、二〇〇〇年代中ごろまで、正規の在留資格がないまま日本に暮らしていた定住ビルマ人は、日本社会との接触を最小限に止めていたため、聞き取り調査や参与観察を実施するのが困難であった。在留資格がない状態では、仮に聞き取り調査を実施しても、信頼関係が構築されていない研究者に対する個人情報の提供は控え、結果的に研究上の十分なデータを得られなかったと想像できる。特に、ビルマ国内で少数民族グループが直面している政治的な課題について日本では認識されていなかったこともあり、逆にメディア等で取り上げられていた民主化活動とのかかわりを強調した少数民族グループもいたのではないかと考えられる。さらに、少数民族グループは民族州で居住していると漠然と捉えられており、あえて居住地について注意が払われていなかったという側面も、少数民族グループの来日前の経歴が詳細にされていなかった要因の一つである。これらの要因が重なり、少数民族グループの来口前の経歴について明らかにされないままであった。

しかし、前章で確認したように、ビルマでは多数派とされるバマーと少数民族グループとでは、日々の生活で直面する問題が大きく異なる。そこには、バマーを中心とした国家形成の方針にそって、教育や就労など人間生活の根幹をなす場面で少数民族グループよりもバマーが優遇されるという差別が、構造的な問題として横たわっている。独立ビルマの根本的な課題であるこの点を把握しなければ定住ビルマ人の生活実態について正確につかむことはできない。これは、本書だけでなく、将来の定住ビルマ人の意識や選択を左右する要因としても重要な論点で、定住ビルマ人の研究には不可欠な視点である。

本章では、一九八八～二〇一三年に東京都内に居住、または、東京都内を拠点とした組織活動にかかわった定住ビルマ人を対象に、筆者が二〇〇六～二〇一三年に実施した聞き取り調査および参与観察で得たデータを使用する。筆者の個人的なネットワークを利用し、定住ビルマ人のなかでも少数民族グループ二一名（男性一一名、女性一〇名）を対象に各自の経歴を聞き取った。表6はインフォーマントの属性（性別、年齢、[7]来日年、居住地、学歴、調査実施日）を表している。調査時の年齢は、四〇歳代後半から五〇歳代前半で、一九八〇年代～二〇〇〇年代に来日した男女である。民族州では教育制度[8]が未整備であるために未就学児童の存在が指摘されるなど、教育環境は良好とはいえない。[9]ヤンゴンではみられないが、教育の整備がない地方では未就学児童がいるとの指摘もある。[10]民族州における教育環境は良好とはいえないが、本書のインフォーマントの多くは高校や大学に進学したという経歴を有している。これらインフォーマントの経歴をうみだしたのは、彼／彼女らが経済的に恵まれ、学業

表6　ビルマ出身の少数民族調査対象者の属性

	性	年齢	来日年	居住地	学歴	調査実施日
A	男	不明	80年代	民族州	大学卒	2012.08.02
B	女	50前	1987	民族州	高校卒	2012.07.02
C	男	60前	1989	民族州→ヤンゴン	大学卒	2012.06.24
D	男	50前	1991	民族州→ヤンゴン	大学卒	2012.07.01
E	女	50前	1991	民族州→ヤンゴン	大学入学—停学	2012.01.20
F	男	50前	1991	民族州→ヤンゴン	高校卒	2012.11
G	男	40前	1992	民族州	高校入学—デモ	2012.08.10
H	男	50前	1992	民族州→ヤンゴン	専校入学—閉鎖	2012.06.10
I	女	40後	1992	民族州→ヤンゴン	大学卒	2012.11
J	女	40後	1993	民族州	高校卒	2012.06.13
K	男	40後	1994	ヤンゴン	大学入学—閉鎖	2012.06.03
L	女	40前	1994	民族州→ヤンゴン	高校卒	2012.11
M	男	40後	1999	民族州	高校卒	2012.06.18
N	女	50前	1999	民族州→ヤンゴン	大学卒	2009.11.16
O	女	40後	1999	民族州→ヤンゴン	大学卒	2012.06.15
P	女	40後	2001	民族州→ヤンゴン	大学卒	2012.08.10
Q	男	50後	2001	民族州→ヤンゴン	大学卒	2012.11.12
R	男	50前	2002	民族州→ヤンゴン	大学卒	2010.08.22
S	男	40後	2002	民族州	高校卒	2012.11.18
T	男	50前	2007	民族州	高校卒	2012.07.02
U	女	30後	2008	ヤンゴン	大学卒	2012.06.25
V	女	20前	2008	民族州→ヤンゴン	専校卒	2012.06.30

に専念できる環境にあったためであると判断できる。聞き取り調査では、当事者にとって来日前の印象深い経験を把握するために、非構造化インタビューの手法を用い、来日前の生活はどうだったのかという点だけを質問した。ただし、話の途中で場所や時期など事実確認が必要な箇所については詳細を述べてもらった。

来日前の定住ビルマ人の居住パターンは三つに分類できる。第一グループ（一三名）は民族州生まれで後にヤンゴンに転入、第二グループ（二名）はヤンゴン生まれヤンゴン育ち、第三グループ（七名）は民族州出身（ヤンゴン近郊や管区の少数民族グループ集住地の出身を含む。以下も同様）、同地区育ちである。以下ではこれらの人びとの民族意識がいかに形成されたのかを考察する。

二　再認識した民族意識――民族州生まれヤンゴン居住の少数民族グループ

まずは、民族州で生まれ、その後にヤンゴンに転入した経歴を持つ一三名の経歴を考察する。一三名のうち四名（C、E、O、R、）は学齢期に家族の都合でヤンゴンに転入し、残り九名（D、F、H、I、L、N、P、Q、V）は当事者の進学や民族州における危険を回避するためなどの理由でヤンゴンに転入した。以下では個別の経験をみてみたい。

1　差別・いじめ

OさんとEさんには、転校先の学校で少数民族グループという理由で差別やいじめにあった経験がある。それに対し、Oさんは成績が優秀だといじめられなくなると考え、優秀な成績をおさめるために努力した。Eさんは自分の権利を主張したいと考えるようになった。Eさんの親は専門職に就いていたが、少数民族グループである事を理由に差別的な扱いを受けていると日常的に家族に話していた。その上、バマーが多数を占める転校先の学校ではいじめの対象となったことから、民族差別を受ける理不尽さについて強く意識するようになった。ただし、その当時は何もできず不愉快な気持ちを抱えたままであった。そして、大学進学後に八八デモが高揚したことを契機として、それまでの鬱積していた気持ちを吐き出し差別から自由になりたいと願いデモに参加した。初めは恐る恐るだったが、徐々に本当に状況が変わるのではないかという希望を抱くようになり、積極的に自民族の権利を主張するようになった。

Cさんと Rさんには、いじめや差別の対象となった経験はないが、学校で自分が◯◯民族であることを意識する機会があった。Cさんは、転校先のクラスに国軍関係者のバマーの子どもたちがいたことから自分が差別やいじめの対象にならないように、クラス内では目立たないように、また、同時に馬鹿にされないように勉強もきちんとやるよう心がけて学校生活を送った。Rさんは、クラスのほとんどをバマーが占める学校で教育を受けたのでビルマ語を話す事に抵抗がない。バマーと接した経験の少ない少数民族グループのなかには恐怖や卑屈な思いを抱く人もいるが、Rさんはその感覚はないと強調した。少数民族グループゆえに差別されると認識したうえで、バマー相手にも卑屈にならない気持ちをもっていることをRさんは誇りとし、クラス内のバマーの存在を通して、自身が○○民族であることを改めて意識している様子がうかがえる。学齢期に家族の都合でヤンゴンに転入したこれら四名は、学校生活のなかで○○民族である自分を意識した点が特徴的である。

2 不満

大学進学などの理由により民族州からヤンゴンに転入した次の九名の経験からは、民族州で少数民族グループがおかれた環境、それに対して不満や怒り、そして、恐怖心などを抱えて暮らしていた状況が読みとれる。まずは民族州での生活に対する不満をみてみたい。

Dさん、Fさん、Vさん、Hさん、Iさんはいずれもが、民族州におけるインフラ整備の遅れを不満に思っていた。Dさんは、一九七四年憲法が国民の合意なしに改正され、その結果として民族語を学校で教えることが禁止されたり、バマーの軍人が州知事に指名されて赴任するなど、自分たちの民族が軽く扱われていると思わざるを得ない状況に何度も遭遇し、ビルマ政府の政策に不満があった。しかし、民族州で抗議行動を起こすにはリスクが大きく、また仲間になってくれる人も見つからなかったため何もできずにいた。その後、大学入学を機にヤンゴンに転入し、同様の問題意識をもつ同胞と知り合い、それが契機となり民族文化を維持および普及する活動をはじめた。それによりVさんは、ヤンゴンの専門学校に入学するまで民族州で生活していたが、国軍関係者による監視が日常化しており、憂鬱かつ腹立たしい気分で日々を過ごしていた。ヤンゴン転入後に同胞の先輩から、民族州では少数民族グループが監視対象となっていると聞き、初めて、民族州で不快な気持ちを抱かされていた背景を理解した。Vさんが長年抱えていた憂鬱な気持ちは一気に晴れたが、冷静になって改めてその経緯を反芻すると、特定の民族であることを理由に、個人がおかれていたさまざまな理不尽な経験に対して今度は怒りがこみ上げてきた。そして、同胞に同じ気持ちを味わってほしくないと強く願うようになり、結果的に後輩を対象とした民族教育に関わるようになった。このように、ヤンゴン転入後に同胞から得た知識を通して、Vさんは改めて自分の民族を意識するようになった。これらのケースもヤンゴン転入後に、〇〇民族との関係を断ち切るのではなく、新たに活動を開始したり、自分たちがおかれた立場への理解を深めることで〇〇民族であるという意識を再認識している。

3　恐怖心

民族州の生活を通して恐怖心をもった人もいる。その相手は、ビルマ政府関係者、そしてバマーであった。Fさんは、幼少期に家族がビルマ国軍の関係者に狙われ、自分もけがをした。Iさんも同じく幼少期の経験として、目の前で家族が国軍関係者に連行された。いつも監視されているような生活で、外出の度に国軍関係者の尾行がないかと辺りをうかがっていた。FさんとIさんは、家族が地域の有力者であったため特に厳しく監視されていたという背景がある。Lさんは高校卒業と同時に民族組織[11]から誘われ実家から離れた場所で子どもたちに勉強を教えていた。民族活動に関与していた訳ではないが、旧知の同胞からの誘いであったため何か役に立つのであればと気軽な気持ちで参加した。ところが、その後、久しぶりに実家に戻り、一週間ほど過ぎた頃に、地元の軍関係者が自分の存在を確認するため夜中突然実家を捜索した。当該地域では、一定期間居住が確認されないと不審に思われ、関係者が確認することになっていたのであるが、就寝中に見知らぬ人の訪問を受け、怖い思いをした。結果的にそこから逃れるために親戚が暮らすヤンゴンに転入した。Pさんは、日常生活において、国軍による少数民族グループ弾圧の話を家族や近所の人から繰り返し聞かされ、バマーが怖い存在であると認識していた。生まれ育った村から徒歩四〇分ぐらいの場所にバマーが暮らす村があるが、用事がある場合を除き、その村に行くことはなかった。また、学校では、同じクラスにバマーの生徒もおり、ときにはお互いの家を行き来することもあった。それを家族からとがめられる事はないが、バマーのクラスメイトが自宅に来るときだけ普段は禁止されているビルマ語の使用が許され、それは特別な出来事であると体感していた。

Fさんとしさんは、民族州で経験した恐怖から逃れるためヤンゴンに引っ越した[12]。しかし、何れもがヤンゴンでは民族活動に参加していない。Fさんはさまざまな活動に積極的に関与したい気持ちはあったが、政治的な活動にかかわると本人や家族への嫌がらせから逃れられないことから、参加を見送った。とくに、結婚直後であったことから、配偶者や家族のことを考えると積極的な行動をとることができなかった。また、LさんとPさんはヤンゴン滞在中八八デモが起きたが、それまでの経験から恐怖心が強く、公の場で抗議の声を上げることに躊躇し、参加できなかった。両者ともに、自民族のためにデモ参加している同胞を尊敬し、陰ながら応援していた。

以上一三名の経歴から、安全でよりよい暮らしを得るために民族州を離れ、ヤンゴンなどの都市部へ移動するという経験は、ビルマの少数民族グループにとって決して特別なものではない点が浮き彫りになった。その上で、この一三名は民族州を離れヤンゴンに転入しても、〇〇民族であるという事実と向きあう経験をし、その結果として「再認識した民族意識」が確認できる。当事者にとって民族州で育まれた民族意識は、ヤンゴンに転入しても、消し去ったり別の何かに変容できるものではなく改めて認識するものなのである。これは転入時期が学齢期であっても、ある程度成長してからであっても同様で、いずれもが、ヤンゴン転入後に各民族に属していることを再認識している。この国内移動という経験は、ビルマ社会の構造から生み出され、少数民族グループの立場を反映したものである。本節で考察した定住ビルマ人は、個人差はあっても、民族州からヤンゴン転入という経験を通して、民族意識を再認識した点が共通している。

三　獲得した民族意識——ヤンゴン出身の少数民族グループ

本節では、ヤンゴン出身の少数民族グループが獲得する民族意識を考察する。すでに述べた通り、少数民族グループは民族州のみに居住しているのではなく、ヤンゴンにも居住している。以下で検討するように、ヤンゴン出身の少数民族グループは日常生活の経験から○○民族であるという意識が獲得されている。

Kさんは、ヤンゴン中心部の出身で、学校では大きな問題はなかったものの、バマーのクラスメイトと常に敵対している感じがあった。家族がバマーのグループと喧嘩し、けがをして帰ったので、同胞の友達と一緒に仕返しに行った経験がある。夏休みには毎年のように親戚が住んでいる民族州に行き民族語の勉強をした。具体的な学習内容は覚えていないが、非日常的な空間で同じ境遇にある同年代の子どもたちと遊んだことが、とても楽しかった思い出として記憶されている。この経験により、自分自身の民族を意識するようになったのは間違いないとKさんは振り返る。また、父親は公務員であったが、少数民族グループなので昇格できず、退職金も驚くほど少なかったといつも話していた。きっかけとなる大きな出来事があったわけではないが、バマーは信用できない人たちだと考え、日常生活で必要以上に接することはなかった。

Uさんは、父方の親戚が民族州の出身だが、両親と自分はヤンゴン出身でIDカード上はバマーであった。親戚のなかに民族意識の強い人がおり、ビルマにおける少数民族グループへの差別、たとえば就労や就学の際に少数民族グループであると不利益を被るなど、よく民族に関連する話をしていた。そのため、自分も○○民族であり、差別される可能性があると子どものときから認識していた。その親戚は小規模な商売をしながら生計を立てており民族組織との関わりなどないと思っていたが、八八デモの際に同胞の参加者に対して率先して必要物資の供給をかってでた。親戚の予想外の行動に驚いたが、日常的な会話を振り返ると納得し、自分もそれを手伝った。それまでは具体的な行動を取る契機がなかったが、日頃から親戚の話を通して、ビルマの少数民族政策などに不満を抱くようになったことが、この行動を生み出したとOさんは考えている。ただし、長期の休みなどに親戚の出身民族州を訪問したことはあるが、馴染みのない人たちと会ってもあまり親近感はわかなかった。現在も民族州に馴染みはないが、ヤンゴンでデモの際に手伝いをした記憶が鮮明にあり、自民族のためであれば出来るだけのことをしたいと考えている。

この二名に共通する経験は、一緒に暮らす家族から少数民族グループへの不平等や差別的な待遇に対する不満を日常的に伝えられていた点である。そのうえで、バマーの学生との喧嘩や民主化運動に参加する同胞への支援という直接的な経験を通して○○民族であるという意識を獲得していった。この二名は、冠婚葬祭や、長期休暇中に言語習得を目的に民族州に滞在することはあるが、民族州の生活の経験が乏しく、現地の状況が把握しきれていない点が先のグループとは異なる。しかし、それにも関らず、ヤンゴンでは○○民族だという理由で不利益を被る家族の経験を身近で体感している。この二名の経験を左右するのは、直接的な弾圧や抑圧ではなく、ヤンゴンの日常生活における個々の家族内で接する家族との会話や家族の言動であり、その状況を作り出した民族問題にある。このように、ヤンゴン出身の二名は民族州には居住していないが、日常生活を通して○○民族であるという意識を獲得した。[13]

四　活性化した民族意識――民族州出身の少数民族グループ

本節では、民族州出身の少数民族グループ七名の経歴から「活性化した民族意識」が生み出されている点を明らかにする。すでに述べたが、独立後のビルマでは、民族州における少数民族グループへの抑圧や差別が日常化している地域もあり、また、それに対して、抗議し、自分たちの意志を貫こうとする人がいる。本節では、民族州出身の定住ビルマ人のうち、反政府軍に入隊した経験をもつ三名（A、M、S）と逆に民族闘争の動きから距離をおいていた四名（B、G、J、T）の経歴を考察する。[14]

1　武装経験なし

まずは、武装組織とは直接かかわりがなかった四名についてみてみたい。Jさんは、武装勢力支配地域近くの出身である。一つの村には平均六〇世帯が暮らしており、一家族平均五人前後であることから、約三〇〇人が暮らす村であったと記憶している。家族は主に農業を営んでいたが、ビルマ国軍による村の焼き討ちにあい、住む家を失うという経験をした。[15]ビルマ軍の攻撃直後の一九八九年七月、村民が反政府組織を支援している事を理由に、二日以内に居住地を立ち退くよう村長をつうじて命令された。家族全員で手に持てるだけの荷物を持ち、徒歩で三時間かかる親戚の家に避難したが、それ以降、兄弟をはじめ親戚の多くがタイ国境のキャンプで生活している。当時は、少数民族グループである自分たちに対するビルマ政府の扱いが理不尽だと考えても、抑圧や差別される経歴が積み重なり、とにかく目立たないよう、軍関係者に目をつけられないよう注意を払う生活が日常化していた。まだ二〇歳代だったJさんに対して、家族は海外に行くことをすすめた。生まれ故郷を離れることについて、最初は戸惑いを感じたが、徐々に機会があれば海外へでてみたいと考えるようになった。地理的には離れても、海外で新しいことを学び、それを民族州の人びとに還元することができると考えたからである。来日後のJさんは、民族組織における政治活動を通して、制度的な異議申し立ての手段を学んだ。来日前にはそのような抗議の手段があると考えたことも無かったが、民族州において権利を主張する際などに役立つと考えている。〇〇民族ゆえに強制立ち退きという理不尽な経験をしたが、その悔しい気持ちから、Jさんの民族意識が活性化していった様子がうかがえる。

Bさんは民族州の比較的大きな町で生まれ育った。学校や家で使用する言語はビルマ語のみで、民族語はできない。家族の意向で、毎年夏休みに兄弟そろって州都へ行き、民族語を勉強した。同じ境遇にあった同年代の子どもたちが毎年集まり、学習したばかりの言葉をお互いに使ってみるのが楽しかったという。民族州におけるビルマ語の拡大についてはすでにふれたが、それに対してQさんは定期的に民族言語を学ぶ機会があった。それは、友だちに会える楽しい思い出であるとともに、無意識に〇〇民族であるという意識を活性化させた機会であった様子がうかがえる。

Gさんは、ヤンゴン近郊の少数民族グループ集住地で生まれ育った。当時のビルマでは学校で民族語を使用することが禁止されていたが、両親は民族意識が強く、家では民族語を使用していた。民族語ができない同胞の友だちや先輩から教えて欲しいと頼まれ、中学の終わり頃からそれぞれの家や教会で内密に教えるようになった。八八デモ時には高校生だったが、同級生たちと協力して、それぞれの家で差し入れ用の弁当を作ってもらったり、交通手段を確保するなどして、同胞のデモ参加者を支援した。Tさんは、ある民族村の有力者の家系に生まれた。家族のなかに反政府活動に関与している者がいると疑われ、家族全員で軟禁状態におかれた経験を持つ。学齢期に学校に通えなかったという辛い思い出が残り、それ以後、この出来事を忘れたことはない。民族運動には関わらなかったが、八八デモ時には積極的に参加した。

来日するまで民族州で居住していた四名の経歴からは、程度の差はあるが、ビルマの民族州で少数民族グループがおかれた構造的な問題がうかがえる。これらの扱いに対し人びとは、言語の普及やデモ参加者への食事の差し入れなどの間接的な動き、そして、後に述べる武装化などの手段を用いて抵抗してきた。前者の動きは、一般的な日本人の感覚からすれば抵抗運動とは言えないささやかなものと捉えられるかもしれないが、当時のビルマにおいては、反政府活動への協力とみなされ、政府による迫害を受けかねない危険な行為である。さらに、Bさんと G さんが述べているように、民族州においてもビルマ語の世界が拡大している。共通言語であるビルマ語が民族州で普及され、代わりに少数民族言語が排除されるようになったが、それに対し、少数民族グループは、個人レベルで言葉を教えるなどの活動を通して、自分たちの言語を維持しようとした。これらの動きから、ビルマ少数民族グループが直面する構造的な問題を窺い知ることができる。そして、それに対する抵抗を通し、各自が〇〇民族としての意識を活性化させているのである。政治活動や武装闘争という手段をとらなくても、民族州で少数民族グループがおかれた立場に対して、民族意識が活性化している状況をこの四名の例が示している。

2　武装経験あり

以下では、民族州生まれで、反政府軍に参加した三名の経歴を分析する。この三名の最大の特徴は、国軍が政治に深く関与してきたビルマにおける少数民族グループのおかれた立場を端的に表している点である。民族州における社会のあり方は先の四名と共通するが、それに対し積極的に抵抗したのがこの三名である。これを促進した要因として、生まれ育った地域が武装勢力支配地域、すなわち反政府軍の拠点で戦闘が日常的であったという

Mさんの経験がまず挙げられる。武装勢力支配地域で生まれたMさんは、子どものときから戦闘や近くの集落が襲撃される現場などを日常的に遭遇する環境で育った。Mさんの父親は、反政府闘争に関わっていたため政府関係者から頻繁に取り調べを受けていた。このような環境から、自分の民族に対して何らかの協力をするのが当然であると考えるようになり、高校生になると情報収集などの反政府活動に関わるようになった。八八デモ後に戦争が激化したので武器を持つようになった(16)。

また、AさんとSさん(17)は、状況の変化を読みながら自民族の反政府軍に関わるようになった。Aさんは事情があり家族と離れて暮らしていたが、近所の年配者はビルマ語ができないため、民族語で会話をしていた。ヤンゴン大学在学中に民族語のできない同胞の学生が多数派であることに驚き、率先して言語を教えるようになった。大学卒業後に民族州に戻り教員をしていたが、反政府活動が活発化したので躊躇なく関わるようになった。Sさんは、一九六〇年代後半に民族州で生まれたが、直後に居住地が戦地となり、家族で同州内の都市部の安全な地域へ避難した。状況はなかなか改善せず、両親はタイ側の村で暮らすようになった。就学と就労を繰り返し、高校を終えたのは二三歳の時だった。その後、誘われるままに反政府軍に入隊した。AさんとSさんの経歴からは、民族語の普及という活動にかかわっていた経験や身近に戦争の経験があれば、わずかなきっかけで反政治活動にかかわるという流れがみいだせる。また、家族の存在も重要である。反政府活動とのかかわりを少しでも疑われると、当局から家族や親族に嫌がらせなどがあるため、周囲の人から十分な理解を得られなければ、活動を継続することは困難である。その点、Mさんは家族がすでに民族運動にかかわっていたことから心配はなかった。直接、活動にかかわっていなくても、家族が国外にいる等、安全な場所にいることも重要である。AさんとSさんは家族と離れて暮らしていたという共通点がある。つまり、この三名が、自民族のために戦うことができたのは、家族の理解があり、また、家族が安全な場所で暮らしていたからである。結果的に戦闘を経験したことにより、これら三人はあらゆる局面で〇〇民族という民族意識が活性化されていった。

ここで紹介した七名の証言から、独立後のビルマが抱える民族問題の実情、なかでも武装闘争地域における日常生活を読み取ることができる。ビルマ少数民族グループが抱える問題を端的にみせ、ある意味において、想定通りの経験を提示した結果となったということができる。その上で、本書の関心である民族意識の形成という点に目を向けると、七名のインフォーマントにとって、自分たちの居場所は間違いなく〇〇民族州にあるという確固とした帰属意識を有している点が共通する。民族州の暮らし自体は、多くのインフォーマントが証言したように、決して快適なものではなく、ときには命の危険をともなう場合もある。しかし、このような厳しい経験こそが、民族州で居住している少数民族グループに共通する活性化した民族意識を生み出しているのである。

五　小結

本章では、少数民族グループがビルマという独立国家に組み込まれ、日常生活に大きな影響を受けているという点を重視し、定住ビルマ人の来日前の経歴、なかでも居住パターンに着目し、民族意識の形成のあり方を考察した。民族州生まれのヤンゴン居住者には「再認識した民族意識」、ヤンゴン出身者には「獲得した民族意識」そして、民族州出身者には「活性化した民族意識」が生み出されている。居住パターンは異なっていても、いずれの経歴からも〇〇民族という意識が生み出されていた。そして、「ビルマ人」という意識は希薄であったという点を明らかにした。

本書で考察した二二名のうち、出身の民族州から日本へ来たのは七名で、ほかは、民族州からヤンゴンを経て来日した一三名、およびヤンゴン出身の二名である。民族州から日本へ来た七名のうち、Aさんは大学へ通うため一時的にヤンゴンに滞在、Jさんは元の居住地が焼き討ちにあったため出身の民族州内の別の地域に居住する親戚宅への移動、Sさんは戦禍を逃れるため出身民族州内を複数回移動、Tさんは家族で軟禁状態におかれたのちに親の実家近くへの移動を経験している。この点を考慮すると、二二名中一七名が国内移住の経験者である。親または祖父母世代が国内移住を経験したヤンゴン出身者の二名を加えると、国内移住者は実に一九名にのぼり、少数民族グループにとって移住は例外的な現象ではないことが改めて浮かび上がる。その上で、本書のインフォーマントは、移動後もバマーの世界に同化されるのではなく、民族意識を有していたことが明らかになった。

基本的にはビルマ語の世界となっている公教育は少数民族グループにも浸透しており、ヤンゴンやヤンゴン近郊で高等教育を受けた少数民族グループは一六名にのぼる。多民族の学生が集まる高等教育の場を経験した少数民族グループの数は少なくなく、ビルマ語の浸透が家庭にも及んでいる例、さらにはビルマの公務員の経験を本人ないし親が有している例も複数ある。これは、ビルマという国家の枠組みに少数民族グループが包摂された結果であるとみることができるが、実際は、差別的な扱いを受ける等の経験があり、その結果、少数民族グループは自らをビルマという国家の成員である「ビルマ国民」としての自覚を広げる方向には作用していない。そもそも、少数民族グループの国内移住が増大しているのは、聞き取り調査の結果が示しているように、民族州が少数民族グループにとって安全な生活空間ではなくなったためである。

このような経験が、民族州において民族意識を「活性化」させ、ヤンゴン転入後の差別体験によって「再認識」させ、また、ヤンゴンにおいても○○民族であるという意識を「獲得」していることをインタビューは如実に示している。そして、これらの経験からは、共通の意識としての「ビルマ国民」という意識が醸成される契機はきわめて乏しかったといえる。本書で考察した定住ビルマ人に限定されるが、彼／彼女らが「ビルマ国民」として国家の枠組み内に収斂されなかったのはある意味においては当然の帰結だといえる。つまり、来日前のビルマの少数民族グループは〇〇民族という意識は有していたが、そこに「ビルマ国民」という意識はほとんど形成されていなかったのである。このような民族意識を有する少数民族グループが一九九〇年代に日本でとった行動、同じビルマ出身でありながら民族グループごとに組織を結成していたという行動は、必然的な結果であったといえる。しかし、日本ではこのような見方はなされておらず、少数民族グループもバマーも「ビルマ出身者＝ビルマ人」として十把一絡げに捉えられていたのである。日本では自明のものとされているこの捉え方と、当事者である少数民族グループの意識の間には齟齬が生じていたと言い換えることもできる。次章では、この意識が来日後にはどのように変化したかを考察する。

注

（1）民族の学説に関する議論は、関根政美「エスニシティの政治社会学」『エスニシティの政治社会学――民族紛争の制度化のために』名古屋大学出版会、一九九四年を参考にした。
（2）古田元夫『ベトナム人共産主義者の民族政策史――革命の中のエスニシティ』大月書店、一九九一年、一三頁。
（3）内堀基光「民族論メモランダム」田辺繁治編『人類学的認識の冒険――イデオロギーとプラクティス』同文舘、一九九八年、二八―三三頁。
（4）同上、三三―三八頁。
（5）伊東利勝、二〇一一年、二一―二二頁。
（6）二〇一三年二月二二日実施のインタビューより。
（7）調査を実際した時点の年齢。複数回実施した場合は一回目調査時の年齢である。
（8）ビルマの教育制度は、小学校が五年間、中学校四年間、高等学校二年間、そして大学は教育内容によって三～六年間となっている。小学校の最初の学年は零（〇）学年とされ、小学校の二年目になった時点で一学年となり、以後、四学年までが小学校、五～八学年が中学校、九～一〇学年が高等学校となる。
（9）ヌヌウェイ「ミャンマーと日本における学校教育と教員養成課程に関する比較研究」『北海道大学教育学部紀要』（七六）一九九八年、一一九―一四七頁。増田知子「ミャンマー軍政の教育政策」工藤年博編『ミャンマー政治の実像――軍政二三年の功罪と新政権のゆくえ』アジア経済研究所、二〇一二年、二三五―二六九頁。

(10) ヌヌウェイ「ミャンマーと日本における学校教育と教員養成課程に関する比較研究」『北海道大学教育学部紀要』(七六)一九九八年、一一九―一四七頁。

(11) 少数民族グループは、自治権の拡大や自文化維持などを目的としたさまざまな団体を組織している。具体的な活動内容は、民族言語や伝統行事の継承を目的としたものから武装組織まで多様である。日本に支部をもつ組織もある。

(12) ヤンゴンにはさまざまな文化背景を持つ人が暮らしており、少数民族グループもそれぞれコミュニティを形成している。少数民族グループが上京する場合には、このコミュニティが滞在場所や必要な情報を提供するため、バマーと接することなくヤンゴンに滞在することも可能である。

(13) 来日前の居住地に関する統計がないため正確な人数を把握することはできないが、定住ビルマ人のうち、ヤンゴン出身の少数民族グループは決して少なくないと複数の定住ビルマ人が証言している。しかし、本稿で聞き取り調査を実施できたヤンゴン出身の少数民族グループはわずか二名であった。本稿のインフォーマントの多くは来日後民族組織に参加しているが、ヤンゴン出身の少数民族グループは組織活動にあまり参加していないのではないかと考えられる。その理由の解明については今後の課題としたい。

(14) 武装闘争を支持している一般住民もいるが、多くは反政府武装グループによる虐待に憤りを感じているとの指摘もある。資金、新兵補充、情報、食料などを地元住民に依存していながら、ビルマ国軍ほどひどくはないものの、反政府武装グループによる人権侵害もおきているという(トム・クレーマー「ミャンマーの少数民族紛争」工藤利博編『ミャンマー政治の実像――軍政二三年の功罪と新政権のゆくえ』日本貿易振興機構アジア経済研究所、二〇一二年、一三九―一六六頁)。

(15) 一九八八年以降に登場した軍事政権は、一九九二年に突然攻撃をやめるまで、タイ国境に拠点をおく反政府組織(カレン民族同盟、カレンニー民族進歩党、新モン州党)、そして中国国境の反政府組織(カチン独立軍)を大規模に攻撃した(トム・クレーマー、二〇一二年、一四四―一五〇頁)。Pさんもこの動きの中で被害にあったと考えられる。

(16) この時期国境で繰り広げられた迫害がきっかけになったと考えられる。Mさんによれば、この時期に入隊した同級生がたくさんいたという。

(17) Aさんは、民族州出身で大学時代をヤンゴンで過ごしたが、その後民族州に戻ったため、民族州出身として考察した。

第四章　日本定住ビルマ人の組織活動と意識の変容

本章では、日本定住ビルマ人が主導する組織活動の変遷を明らかにする。そして、その変遷を通し、当事者、とくに少数民族グループの意識はどのように変容していったのか、日本社会は定住ビルマ人をどのように捉えていったのかという点を明らかにする。また、在タイのビルマ人組織活動のあり方を概観し、日本の特徴をより客観的に把握する。

活発な組織活動は日本に定住するビルマ出身者の特徴の一つである。本章ではこれまで詳細には触れられていなかった少数民族組織にも着目し、一九八八年から二〇一三年にかけて東京を拠点に活動した定住ビルマ人組織の活動の変遷をたどりながらその特徴を明らかにする。その際に、第二章で確認したビルマ国内の少数民族グループをとりまく政治動向、前章で確認したビルマの少数民族グループのエスニシティのあり方および「ビルマ人」としての自覚が希薄であったという点、さらに、定住ビルマ人が日本に滞在するために不可欠な在留資格に注目し、それらが与えた影響に留意しながら考察する。

一　定住ビルマ人の組織の概要

序章で検討したように、先行研究では、定住ビルマ人の組織活動について、民主化を目的とした組織は取り上げられ、少数民族グループの組織については二〇〇三年に少数民族組織の連合体が結成されたという記述に止まっている。しかし、第二章で述べたビルマの少数民族グループをとりまく諸問題ゆえ、日本にも多様なエスニシティをもつビルマ出身者が居住し、さまざまな機能を有する組織が複数存在している。従来の研究で少数民族組織が取り上げられなかった要因は、ビルマと日本の双方にあると考えられる。まず、ビルマ側の要因として、日本で政治活動をすることによって将来帰国ができなくなったり、国内に残っている家族が危険な目に遭う可能性があったため、自分たちの活動が日本のビルマ大使館関係者に知られることを恐れていたという点を指摘できる。そのため、以下で検討するように、少数民族グループの組織化の初期段階では、活動が消極的なものとなり、主な活動はビルマ国内および国境の同胞への支援活動に限定されていた。当時の少数民族グループは在外同胞からの支援が必須であったのも事実で、筆者が聞き取り調査をしたほとんどの少数民族組織が、設立当時から継続的に金銭または物資の支援を継続している。

日本側の要因は在留資格問題と関係する。日本では、二〇〇〇年代に超過滞在者を取り締まるキャンペーンが実施されたが、それまでは、超過滞在者の存在を把握している当局が、それを承知のうえで、特に目立つ行動などをしなければ取り締まることはほとんどないという状況が続いていた。そのため、具体的な期間はわからないが、少し我慢すれば本国ビルマに戻ることができると考え、有効な在留資格を得ないまま生活をしていた定住ビルマ人も少なくなかった。生活実態として定住していたこれらの人びとが、安全に日本の生活を継続するためには、外部との接触は必要最低限に抑える必要があった。そのため、職場や子どもの通う学校で接する日本人との最低限のつきあいにとどめ、政治活動などの目立つ行動は避けていたのである。しかし、その後、超過滞在者の取り締まりが強化された二〇〇〇年代中ごろからは、少数民族組織も積極的な活動を展開するようになった。それは、前章で述べたが、当面の帰国を断念せざるを得なくなった結果、有効な在留資格の取得が必要となり、難民認定制度の利用を決断したからである。これらの要因が結果的に、日本社会におけるビルマの少数民族グループの存在を不可視化させ、その生活実態がほとんどわからないという状況をうみだしたといえる。

離合集散を繰り返していると揶揄される定住ビルマ人組織の正確な数を把握することは困難である。定住ビルマ人は東京に集住しているが、そのほかにも、関東各地、中部地方などにも定住しており、地域によっては、活発な組織活動を展開している。会則を作り年次総会を規則通りに開催する組織がある一方で、必要なときに電話でお互いの都合を確認して集まるという個人的なネットワークの延長のような組織もある。当事者や支援者もその正確な数がつかみきれていないが、二〇一二年末時点で五〇～七〇以上が存在していたとする見解が多い。定住ビルマ人組織にはさまざまな機能があるが、活動目的別に分類すると「政党組織」「民主化組織」「少数民族組織」「女性組織」「宗教組織」「メディア組織（図書室を含む）」「労働組合」「その他」となる。組織運営のパターンとしては「独立組織」「国内／国境／海外組織の日本支部」「日本人との協力組織」、そして、それらをまとめた「連帯組織」がある。

本章では、一九八八年から二〇一三年にかけて、定住ビルマ人組織の設立経緯および活動状況の特徴をつかみ、五つの時期に区分し考察した。東京を拠点とした「政党組織」「民主化組織」「少数民族組織」「女性組織」から三六組織を分析対象とし、組織の設立者、連合体の結成者または元代表者、現代表者、広報担当など、可能な限り、長期に組織にかかわり、その組織の活動経緯を詳細に説明できる人をインフォーマントとして選択した。

表7　定住ビルマ人調査対象組織一覧

	略称	組織名：英語およびビルマ語	組織名：日本語
1	AAPP	Assistance Association for Political Prisoners (Burma) နိုင်ငံရေးအကျဉ်းသားများကူညီစောင့်ရှောက်ရေးအသင်း	政治囚支援協会（ビルマ）日本代表
2	ABFSU (FAC)	All Burma Federation of Student Unions (Foreign Affairs Committee) ဗမာနိုင်ငံလုံးဆိုင်ရာ ကျောင်းသား သမဂ္ဂ များ အဖွဲ့ချုပ် (နိုင်ငံခြားရေးရာကော်မတီ)	全ビルマ学生連盟（外交委員会）
3	ALD (Ex) Japan	Arakan League for Democracy (Exile) Japan ရခိုင်အမျိုးသားဒီမိုကရေစီအဖွဲ့ (ဂျပန်)	在日アラカン民主連盟（亡命）
4	ASAJ	Arakan Social Association Japan ရခိုင် လူမှုရေး အဖွဲ့ချုပ်	在日アラカン人協会
5	AUN	Association of United Nationalities in Japan ညီညွတ်သော တိုင်းရင်းသားများ အဖွဲ့အစည်း (ဂျပန်)	在日ビルマ連邦少数民族協議会
6	BAIJ	Burmese Association in Japan မြန်မာ့နိုင်ငံသားများအသင်း (ဂျပန်)	在日ビルマ人協会
7	BDA Group	Burma Democratic Action Group မြန်မာ့ဒီမိုကရေစီရေးလှုပ်ရှားသူများအဖွဲ့	ビルマ民主化行動グループ
8	BOJ	Burma Office Japan ဗမာ့ရေးရာရုံး (ဂျပန်)	日本ビルマ事務所
9	BWU-JB	Burmese Women's Union Japan Branch မြန်မာ့အမျိုးသမီး သမဂ္ဂ	ビルマ女性連盟日本支部
10	BYVA	Burma Youth Volunteer Association မြန်မာ့လူငယ်စေတနာ့ဝန်ထမ်းအဖွဲ့	ビルマ青年ボランティア協会
11	CNC-JP	Chin National Community, Japan ချင်းအမျိုးသားအဖွဲ့အစည်း (ဂျပန်)	在日チン民族協会
12	CWO-JP	Chin Women's Organization, Japan ချင်းအမျိုးသမီးအဖွဲ့	在日チン女性機構
13	DBSO	Democratic Burmese Student's Organization ဒီမိုကရေစီဗမာကျောင်းသားများအဖွဲ့	民主ビルマ学生同盟

14	DFB-JP	Democratic Federation of Burma (Japan) ဒီမိုကရေစီမဟာမိတ်များအဖွဲ့ (ဂျပန်)	在日ビルマ民主連合
15	DKN-JP	Democracy for Kachin National (Japan) ကချင်အမျိုးသားဒီမိုကရေစီအဖွဲ့ (ဂျပန်)	在日カチン民主化運動
16	DPNS-JPB	Democratic Party for a New Society-Japan Branch လူ့ဘောင်သစ် ဒီမိုကရက်တစ် ပါတီ (ဂျပန်ဌာနခွဲ)	新社会建設民主党日本支部
17	EBC	Election Boycott Committee ၂၀၁၀ ရွေးကောက်ပွဲ ဆန့်ကျင်ရေး ကော်မတီ (ဂျပန်)	2010 年選挙ボイコット委員会（日本）
18	FWUBC	Federation Workers Union of Burmese, Japan Citizenမြန်မာနိုင်ငံသား အလုပ်သမား သမဂ္ဂ အဖွဲ့ချုပ်(ဂျပန်ပြည်)	在日ビルマ市民労働組合
19	HRWUB	Hotel and Restaurant Workers' Union of Burma မြန်မာနိုင်ငံ　ဟိုတယ်နှင့်စားသောက်ဆိုင် အလုပ်သမားများသမဂ္ဂ	ホテル&レストラン労働組合
20	JAC	Joint Action Committee of Burmese Community in Japan ဂျပန်နိုင်ငံရောက်မြန်မာနိုင်ငံသားအဖွဲ့အစည်းများပူးပေါင်းဆောင်ရွက်ရေးကော်မတီ	在日ビルマ人共同行動実行委員会
21	JLH-JP	Kachin Literature and Culture Organization ကချင် စာပေ နှင့် ယဉ်ကျေး မှု အသင်း	カチン文学&文化機構
22	KLCO	Karen Literature and Cultural Organization ကရင်စာပေနှင့်ယဉ်ကျေးမှု အဖွဲ့ချုပ်	カレン文学&文化機構
23	KNL-JP	Karen National League, Japan ကရင်အမျိုးသားအဖွဲ့ချုပ် (ဂျပန်)	在日カレン民族連盟
24	KNO-JP	Kachin National Organization, Japan ကချင်အမျိုးသားအစည်းအရုံး (ဂျပန်)	在日カチン民族機構
25	KNU-JP	Karen National Union, Japan ကရင်အမျိုးသားအစည်းအရုံး (ဂျပန်)	在日カレン民族同盟
26	LDB	League for Democracy in Burma မြန်မာ့ဒီမိုကရေစီအဖွဲ့ချုပ်	ビルマ民主化同盟
27	NDB	Network for Democracy in Burma မြန်မာ့ဒီမိုကရေစီကွန်ယက်	ビルマ民主化ネットワーク

28	NDF-Rep-JP	National Democratic Front (Burma), Representative for Japan အမျိုးသားဒီမိုကရေစီတပ်ပေါင်းစု (ဂျပန်ဌာနကိုယ်စားလှယ်)	民族民主戦線（ビルマ）日本代表
29	NLD (LA) JB	National League for Democracy (Liberated Area) Japan Branch အမျိုးသားဒီမိုကရေစီအဖွဲ့ချုပ် (လွတ်မြောက်နယ်မြေ) ဂျပန်ဌာနခွဲ	国民民主連盟（解放地区）日本支部
30	OKOJ	Overseas Karen Organization, Japan ပင်လယ်ရပ်ခြားကရင်အမျိုးသားအဖွဲ့အစည်း	海外カレン機構（日本）
31	PKDS	Pan Kachin Organization, Tokyo Japan ပန် ကချင် အသင်း တိုကျို ဂျပန်	汎カチン協会日本東京支部
32	PMNS-JP	Punnyakari Mon National Society, Japan ပုညကာရီမွန်အမျိုးသားများအဖွဲ့ (ဂျပန်)	在日ポンニャガリモン民族社会
33	PNS-JP	Palaung National Society, Japan ပလောင်အမျိုးသားအဖွဲ့ (ဂျပန်)	在日パラウン民族社会
34	SND	Shan National for Democracy Japan ရှမ်းအမျိုးသားဒီမိုကရေစီအဖွဲ့ (ဂျပန်)	在日シャン民族民主連盟
35	SSCA	Shan Social Cultural Association ရှမ်းလူမျိုးများလူမှုရေးနှင့် ယဉ်ကျေးမှုအဖွဲ့	シャン社会文化協会
36	SSND	Shan State Nationalities for Democracy Japan ရှမ်းပြည်နယ်တိုင်းရင်းသားဒီမိုကရေစီအဖွဲ့	在日シャン州民族民主連盟

＊ビルマ語の組織名がない場合のビルマ語表記は筆者による意訳である。

二〇〇六年から二〇一三年にかけて筆者が東京で実施した聞き取り調査および参与観察で得たデータ、関係者所蔵の関連資料、法務省入国管理局の統計を利用した。聞き取り調査は、筆者の個人ネットワークを直接または間接的に利用し、一回につき二〜五時間程度を費やした。在タイのビルマ人組織活動については、二〇〇六年三月、二〇一二年二月に実施した聞き取り調査および参与観察で得たデータを利用した。表7は、聞き取り調査を実施した組織の一覧表である。なお一覧表の「14民主ビルマ学生同盟」については、関係者への聞き取り調査は実施できず、この組織の受け皿となった連合体組織の結成者の聞き取り調査にてデータを収集した。

二　定住ビルマ人の組織活動の変遷（第一期〜第五期）

本節では、定住ビルマ人の組織活動の変遷を五期に分け、それぞれの時期について設立経緯および活動を確認し、その特徴を述べる。組織活動については、政治活動、「非政治」活動、他組織との連帯の三つの観点から考察する。政治活動とは、本国ビルマにおける政治的な課題の改善を目的とした行動を指す。具体的には、日本のビルマ大使館を窓口とする本国政府への直接の働きかけのほか、日本政府や日本社会、また国際社会などに向けた、ロビーイング、アドボカシー、デモなどの手段を用いた意思表示、組織活動への協力要請などを含める。情報発信や勧告書の提出、関係者を招聘しての会議開催なども含む。「非政治」活動とは、同胞を対象とした日本での相互扶助、ビルマ国内や国境地帯に在住する同胞への支援、同胞や関係者間での情報交換や勉強会の開催などを指す。労働組合活動など日本における日常生活の向上のための働きかけ、宗教活動、文化継承活動も含む。他組織との連帯には、複数の組織が集まって新たに組織を結成する動き、各組織が個別の活動を継続しつつ必要に応じてともに行動する動きも含む。

1 第一期（一九八八〜一九九四）民主化組織と少数民族「非政治」組織の黎明期

第一期には、バマーによる民主化組織と少数民族グループの「非政治」組織が複数誕生した。まず、八八デモの翌月には、日本初の在日ビルマ人による政治活動を目的とした民主化組織である在日ビルマ人協会（ＢＡＩＪ：Burmese Association in Japan）が設立された。設立のきっかけは、神奈川県平塚市で歯科医院を開業していたＸ氏[(1)]が、八八デモ直後に東京都品川区にあるビルマ大使館前に出向き、一人で抗議活動を行うようになったことである。やがて、日本で就労および留学中の在日ビルマ人も抗議活動に集まるようになり、組織化への機運が高まった。翌月の九月一一日に設立総会を開き、それ以降、設立者であるＸ氏の自宅を拠点とし、情報発信、ロビー活動や要請書提出の準備、国境難民への支援などの活動を始めた。これらの活動に加え、日本国内に暮らす同胞を対象とした生活情報の提供や医療通訳の同行など、必要に応じて相互扶助の機能も果たした。その後、実際にビルマで八八デモに参加した学生などが来日し、ＢＡＩＪの活動に参加するようになった。メンバーリストは確認できなかったが、最大時には約二〇〇名が所属しており、メンバーの多くはバマーであったという。一九九五年にＢＡＩＪ事務所を東京に移したため、現在は平塚市のＸ氏宅との接点はなくなったが、これが定住ビルマ人組織の原点である。なお、同時期に、民主化促進を目的とした国際的なネットワークが構築されたが、この動きは広がらなかった[(2)]。

一九九〇年代に入り組織が増加した。まず、ＢＡＩＪで活動していたメンバーが中心となり一九九二年にビルマ青年ボランティア協会（ＢＹＶＡ：Burma Youth Volunteer Association）が、続く一九九四年に民主ビルマ学生同盟（ＤＢＳＯ[(3)]：Democratic Burmese Student's Organization）が設立された。これらの組織の主要メンバーもバマーであった。この間の動きには、少数民族グループとのかかわりを見出すことはできない。一九九〇年代中ごろのＢＡＩＪの基本的なスタンスとして、軍事政権と民主化勢力との対話を支持していると当時の会長が述べている。[4] この基本姿勢は、少数民族勢力を含む三者対話が、ビルマ政治の問題解決の出発点として捉えられている現在とは異なり、この時期はバマーを中心とした民主化を促進する組織であったと言える。

この時期、複数の少数民族組織も設立されていた。一九九〇年にはシャン社会文化協会（ＳＳＣＡ：Shan Social Cultural Association）が、一九九二年にはポンニャガリモン民族社会（ＰＭＮＳ―ＪＰ：Punnyakari Mon National Society）が、その他、アラカン、カチン、カレン、チンの各民族グループも文化組織などを設立していた。それぞれの民族名を冠している点については言わずもがなであるが、政治目的ではない点を強調するために、「文化」、「福祉」、「社会」などの語をあえて組織名に含めている点が特徴的である。これらの組織の活動は、ビルマ国内や国境地帯で暮らす同胞への支援、そして日本で暮らしている同胞を対象とした相互扶助、さらには自民族の文化継承が主であった。少数民族グループが政治活動に関心がなかった訳ではない。とくに来日前から地下活動等に関わっていた人は日本でも政治活動の継続を望んだが、日本で目立つ行動をとると、ビルマ当局による国内の家族への嫌がらせを受ける恐れがあったために、少数民族グループは政治活動には関わらないという姿勢を貫き、同時期にバマーが設立した政治活動を目的とした組織からも距離をおいていた。さらに、一部の組織設立者は、ほかの少数民族組織や各民族グループと極力接触しないように心がけていたと強調した。当時、多くの少数民族の人びとは、不要な外出は避けていたが、時間を見つけて宗教施設へは出かけていた。そこでは、別の少数民族グループの集まりを見かけることもあったが、お互いに挨拶はしても、政治的な話はもちろんのこと、雑談程度の会話も意図的に避けていた。

このように、黎明期の少数民族組織の最大の特徴は、政治とは無関係な「非政治」組織を設立した点である。外部とのかかわりを避けた「非政治」活動を展開し、それが一目でわかる組織名を意図的に選択し、その立場を明確にしたのがこの時期の少数民族組織である。この特徴は、少数民族グループにとって政治参加がいかに困難であったかを説明する。つまり、この時期の少数民族グループは、日本に居住していても常にビルマ当局の監視下にあると考え、政治活動を自粛し、当局ににらまれないように生活を送っていたのである。前章で確認したように、各自に○○民族であるとの意識が備わっていたために、定住先の日本においても、当局から睨まれないように政治活動を制限していた。せっかく新たな生活を求めて来日したにもかかわらず、この時期の少数民族グループの意識は来日前から変化はみられなかった。そのために、これらの少数民族組織は「非政治」活動に徹し、政治活動とは距離をおいていたのである。この特徴は、ビルマの民主化という明確な政治目的を掲げ同時期に設立されていたバマーの組織とは明らかに異なる。先行研究で取り上げられていなかった少数民族組織であるが、民

写真1　BAIJ 設立総会前夜に撮影された集合写真。前列左端がX氏（X氏提供）

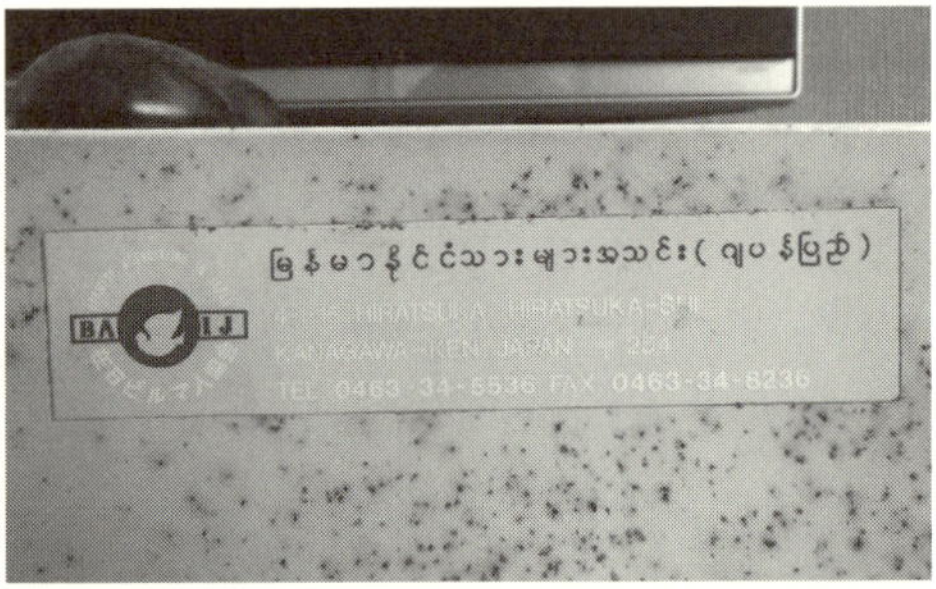

写真2　神奈川県平塚市X氏宅居間のキャビネットに貼られたBAIJのステッカー（筆者撮影）

写真3　世界各地の同胞宛にビルマ国内情報を郵送した際に使用したスタンプ（筆者撮影）

主化組織と同様に、この時期に設立されていたことは注目に値する。

この動きを強化したのが当時の日本の超過滞在者への対応である。この時期、超過滞在であっても容易に職を得ることができ、警察官等に超過滞在であることを知られたとしても、大きな問題にはならなかったと複数の定住ビルマ人が述べている。つまり、犯罪を犯すなどの目立つ問題を起こさなければ、在留資格の有効期限を超過しても日本に滞在することが可能であった。そのような状況下で、少数民族組織は存在していたが、日本社会からすれば不可視な存在に甘んじていたのである。言い換えれば、少数民族グループの身体は日本に移動しているが、当事者のなかで自己を規定するものは来日前と何ら変化はなかったといえる。○○民族として、引き続きビルマ政府の目を窺いながら日本で生活していたので、当事者のアイデンティティには変容が認められない。つまり少数民族グループのなかには「ビルマ人」という意識は希薄なままである。

2　第二期（一九九五～一九九九年）民主化・少数民族「非政治」組織支部の設立期

この時期には、国境および海外に拠点をもつビルマの民主化組織、そして、少数民族「非政治」組織の支部が日本で設立された。まず、一九九五年に、ビルマ・タイ国境を拠点としているビルマ民主化運動の中心的な存在である国民民主連盟解放地域日本支部（ＮＬＤ―ＬＡ―ＪＢ：National League for Democracy〈Liberated Area〉Japan Branch）が設立され、日本におけるビルマ民主化運動を底上げした。初期のＮＬＤ―ＬＡ―ＪＢは、民主化活動の象徴である八八デモの記念行事のみをとり行う活動方針を定め、それまで関係の行事を担っていたＢＡＩＪから引き継いだ。しかし、その後もＮＬＤ関係の逮捕者が増えるなど、ビルマ国内の状況が改善しなかったため、ハンガーストライキ、抗議デモ、ロビー活動などを実施し、日本社会や国際社会に働きかけるようになった。一九九七年には、日本ではじめてとなるビルマに関するシンポジウムを主催した。また、一度限りではあるが、一九九八年には、他の民主化組織であるＢＹＶＡなどと連名で声明を発表し、ＮＬＤ―ＬＡ―ＪＢは明確な政治活動を展開した。

続いて二つの海外に拠点をもつ組織の支部が設立された。まず一九九八年に、ビルマ・タイ国境に本部があるビルマ女性連盟日本支部（ＢＷＵ―ＪＢ：Burmese Women's Union, Japan Branch）が設立された。本部であるビルマ女性連盟（ＢＷＵ：Burmese Women's Union）は、一九九五年にビルマ・タイ国境で、人権や公衆衛生の向上などを目的に活動を開始していた。ＢＷＵ―ＪＢは、約二年間の準備期間を経てバマー一五人のメンバーで活動を開始した。組織名の〝Burmese〟は、民族的な意味はなく、国名として使用しているが、ほかの民族グループからは理解が得られないというジレンマを抱えている。ＢＷＵ―ＪＢの活動は、国境で活動をしている同胞への支援、国境の難民キャンプや国内避難民への支援、メンバー対象の勉強会、日本人対象の国際交流などである。また、同時期に少数民族グループにも動きがみられた。アメリカに本部がある少数民族組織、汎カチン協会（Pan Kachin Organization, Tokyo Japan）が設立された。教育向上を目的とした同組織はメンバー登録制ではなく、当時日本にいたすべての同胞が協力する形態の組織であった。二〇〇〇年代に入り、諸事情により活動が自然消滅した。

この時期に設立されたこれら三組織は、国境または海外に拠点をおく組織の日本支部である。そのうちバマーが主導する二つの民主化組織は、ビルマ・タイ国境に本部を持ち、それぞれが政治活動を主とし、必要に応じて「非政治」活動もこなしていた。この二つの民主化組織は、ビルマ・タイ国境において中心的な存在の民主化組織であり、その支部が設立されたことにより、日本の民主化組織の活発化につながった。同時期に少数民族グループが設立したのは、在外同胞が設立した政治活動を目的としない「非政治」組織の日本支部である。先の黎明期と同様に、政治活動をしないことが原則となっており、活発な政治活動を体系的に展開し始めた民主化組織との違いが浮かび上がる。

定住ビルマ人の組織変遷の流れからみれば、この時期は、国境や海外に本部をもつ組織の支部が設立され、日本における組織的連帯の萌芽として捉えることができる。ただし、ここでそれぞれの組織をつないでいるのは、世界に離散している同胞の間での連帯である。民主化活動をしているのは主にバマーであり、政治を目的としない活動を展開しているのは少数民族グループである。この時期には、のちに考察する少数民族組織間の連帯や、民主化組織と少数民族組織との連帯の萌芽はみられない。在留資格はこの時期にも大きな問題ではなかった。日本社会との積極的な接触も進んでおらず、定住ビルマ人は日本社会からは不可視な存在であった。この状態は、少数民族当事者の意識にも大きな変化がないことを意味する。つまり、この時期の少数民族グループは、来日前と同様に○○民族として自己を捉え、「ビルマ人」という意識は希薄なままである。

3　第三期（二〇〇〇～二〇〇二年）民主化組織の相互連帯期

この時期は二つの民主化組織の連合体が結成され、バマーが率いる民主化活動のすそ野が広がった。何れも、八八デモから一〇年以上が経過しても一向に改善されないビルマの政情に対し、積極的な働きかけを目的として結成された。まず二〇〇〇年に、それまでは個々に活動していたＢＡＩＪやＢＹＶＡなど四つの民主化組織が、約一年間の準備を経て、連合体であるビルマ民主化同盟（ＬＤＢ：League for Democracy in Burma）を結成した。ビルマの民主化促進を活動目的とし、政党活動に参画するほどではないが、民主化を願う人を対象とした組織を目指したことから、より多くの定住ビルマ人がかかわるようになった。

翌二〇〇一年には、ビルマ日本事務所（ＢＯＪ：Burma Office Japan）が結成された。ＢＯＪは、米国で開催された在外ビルマ出身者による民主化推進会議がきっかけとなり、それまで個々に活動していた民主化組織が、日本労働組合総連合会の支援を得て、協議を重ね二〇〇一年の結成につながった。ＮＬＤ―ＬＡ―ＪＢや上記で取り上げたＬＤＢ、日本人とビルマ出身者から構成される市民団体であるビルマ市民フォーラム（ＰＦＢ：People's Forum on Burma）など、さまざまな立場にある七つの組織が構成メンバーとして加わった。本書の関心からは、少数民族グループの政治組織である民族民主戦線日本代表（ＮＤＦ―Ｒｅｐ―ＪＰ：National Democratic Front〈Burma〉Representative for Japan）が構成メンバーに加わった点に注目したい。日本人を含む組織が構成メンバーに含まれているため、厳密には当事者主導の組織とは言えないが、少数民族グループとのつながりを促進した点において、この連合体の結成は重要である。

この時期の他の少数民族組織には目立つ動きはなく、「非政治」活動から脱却していないが、この連合体結成に付随して、少数民族組織ＮＤＦ―Ｒｅｐ―ＪＰが参加するという意義ある動きがみられた。母体である民族民主戦線（ＮＤＦ：National Democratic Front〈Burma〉）は、ビルマ・タイ国境に拠点をもつ少数民族軍の連合体で、その日本窓口としてこの時期に活動を開始した。来日前からＮＤＦと協力関係にあった元民族軍兵士一名が、日本窓口として活動に参加したという小規模なものであったが、すべての少数民族組織が相変わらず「非政治」活動に終始していたこの時期に、政治活動を目的とした連合体に参加し、活動を開始したことは、その後の少数民族組織の活性化を予兆する動きとして大いに意義がある。少し先取りすれば、のちの少数民族組織の相互連携やその後の活動に貢献しているのが、このＮＤＦ―Ｒｅｐ―ＪＰ関係者であり、この時期に開始した政治活動を通じて構築したネットワークを大いに利用しているのも事実である。

すでに述べたが、この時期のほかの少数民族組織には大きな変化はなく、引き続き「非政治」的な活動を継続していた。ビルマ国内では、政府が複数の反政府軍と停戦協定を締結しはじめた時期であったが、その過程や協定締結後にも安全が確保できない地域があるなど、従前と情勢は変わらないというのが当時の少数民族グループの一般的な考えである。そのような状況をうけ、日本にとどまる少数民族グループはまだ政治活動にふみきれなかったのも納得がいく。二〇〇二年に東京で実施された八八デモ記念集会の様子について、「平日にもかかわらずビルマ人たちが一〇〇人も集まった」と報告されている。[5] 参加者リスト等が残されていないため詳細は不明であり、この一〇〇人の中に少数民族グループが一人も含まれていなかったと断言はできないが、NDF―Rep―JP設立者が述べているように、大多数の少数民族グループが抗議デモに参加するようになったのは二〇〇三年五月以降であり、二〇〇二年八月のこのデモに参加したのは、民主化組織を関係のあるバマーがほとんどであったと考えられる。

この時期、政治活動を目的とした少数民族組織として、在日カレン民族連盟（KNL―JP：Karen National League, Japan）、在日チン民族協会（CNC―JP：Chin National Community, Japan）、在日チン女性機構（CWO―JP：Chin Women's Organization, Japan）が、それぞれの民族グループが集う宗教施設内で活動開始を宣言した。しかし、ビルマにおける軍事政権による弾圧の恐れと日本における超過滞在状態が継続していたことから、いずれも対外的な働きかけを展開するまでにはいたらなかった。この間の活動のあり方について「私たち（少数民族グループ）は冬眠状態だった」と表現した当事者のことばが象徴的である。ビルマ大使館前のデモに少数民族グループが参加していなかったのは、この時点でも日本定住ビルマ人の生活には大きな変化はなかった、つまり当事者の意識に変化を促す要因はなかったといえる。その結果として、この時期の少数民族グループの意識は、〇〇民族という枠から脱しておらず、引き続き「ビルマ人」としての意識は備わっていないままである。そのため、この時期に設立された組織としては含んでいない。この時期、在留資格についてまだ大きな問題にはなっていないが、若干の難民申請者が確認できる。とはいえ、二〇〇〇年の難民申請者は二三名、二〇〇一年二三名、二〇〇二年三八名と少数であり、数百名が申請するようになった二〇〇三年以降とは事情がかなり異なっていた。したがって、日本政府やメディアが定住ビルマ人の抱える問題や難民制度のあり方を問題視することもなく、また一般の日本人がビルマ難民の存在を知る機会はほとんどなかった。それが大きく変容するのが次節で説明する二〇〇三年以降である。

4　第四期（二〇〇三年）少数民族組織の設立と相互連帯期

二〇〇三年には少数民族グループの組織活動が大きく変容した。二〇〇三年夏以降の短期間に複数の少数民族組織が設立され、その流れで同年の年末には少数民族組織の連合体が結成された。一年間であるが日本定住ビルマ人の組織活動の活性化を象徴する年であることから一つの期間として扱う。

(1) 少数民族組織の設立

この時期の大きな出来事は、ビルマ北部のザガイン管区ディベーインで民主化運動のリーダー、アウンサンスーチーが襲撃され、ふたたび自宅軟禁されてしまったことである。二〇〇三年五月、地方遊説中だった一行を狙ったこの襲撃事件は、多くの死傷者をだし、定住ビルマ人を震撼させた。反政府の立場を公然と表明しているアウンサンスーチーおよびNLD関係者が逮捕、拘束されたことに対する定住ビルマ人の衝撃は大きく、この時点まで、公的な場で政治的な見解を述べることを躊躇していた少数民族グループもさすがに黙っていられなくなった。その結果、民主化組織の関係者だけでなく、それまで「非政治」活動に終始していた少数民族グループの中にも、大使館前のデモに参加する人がでてきた。

それまで静観していた少数民族グループが積極的な政治活動に参加するようになったという大きな変化とともに、そのデモの場で、複数の少数民族グループが出会った点にも大きな意義があった。すでに触れたが、多くの定住ビルマ人は、在留期間の期限が過ぎたままであっても、もう少し日本に止まれば政情が安定し、やがて帰国できるだろうと考えていた。しかし、ディベーインで襲撃事件が起き、自国の政情改善が当面は望めないとの思いを強くするようになった。互いに本国ビルマの政情等について話をするようになった少数民族グループは、ビルマに帰るという選択が非現実的であるとの認識を強め、このまましばらくは日本に止まり、組織化し、政治活動を始動させようという話になった。ただし、ビルマ国内に残してきた家族親族への嫌がらせなどの可能性は残っていたため、被害を受ける可能性が低い人から、これまで距離を置いていた政治活動への協力を開始するようになった。

そして、少数民族グループの連合体結成を当面の目標として掲げた。それに先立って、在日アラカン民主連盟（亡命）（ALD〈Ex〉JAPAN：Arakan League for Democracy〈Exile〉Japan）、在日カチン民主化運動（DKN―JP：Democracy for Kachin National〈Japan〉）、在日シャン民族民主連盟（SND：Shan National for Democracy Japan）、在日パラウン民族協会（PNS―JP：Palaung National Society, Japan）など、複数の少数民族グループが組織を設立した。また、設立はしていたが、実質的に政治的な活動からは距離をおいていたKNL―JP、CNC―JPもこの動きに加わった。また、この流れとは別に、一九九〇年代から設立準備を進めていた在日カレン民族同盟（KNU―JP：Karen National Union, Japan）もちょうどこの時期に本部の認可を得て公式に活動を開始し、後にこの動きに加わった。少数民族グループが政治活動を目的とした各民族の組織を新たに設立したという点で、この時期は定住ビルマ人の組織活動の大きな分岐点であったと捉えることができる。この時期に設立された少数民族組織は、国内の少数民族政党の日本支部、国境に拠点を持つ反政府活動の日本支部、そして日本独自の政治組織と、その組織形態は異なるが、すべてが明らかに政治活動を目的としており、それを明確に表した組織名を冠している。

（2）少数民族組織の相互連帯

二〇〇三年一二月に少数民族組織の連合体である在日ビルマ連邦少数民族協議会（ＡＵＮ：Association of United Nationalities in Japan）が結成された。ビルマの民主化や連邦国家の実現を目指し、また、少数民族グループを含むすべてのビルマの人が人権を享受するため、民主化勢力と協力関係を構築し、活動することが結成の目的に掲げられた。ＡＵＮは、紆余曲折を経ながらも、次節で述べるように民主化組織と連合体を結成し、協力関係を構築している。その出発点であるこの時期の少数民族組織の相互連帯の動きは、日本定住ビルマ人の連帯の原点であり、定住ビルマ人にとって大きな意味を持つ。

ＡＵＮの構成メンバーである九つの少数民族組織の設立者は、抗議デモが一段落した同年の秋から準備をすすめ、ときには夜中まで組織のあり方や組織名などを協議した。この動きの核となったのが、民主化運動の連合体に参加していたＮＤＦ－Ｒｅｐ－ＪＰの窓口担当者であった。黎明期のＢＡＩＪ創立者同様に、パソコンやプリンターなど事務所機能に必要なものを購入し、個人宅を事務所として開放した。二〇〇三年一二月、政治活動を目的とした九つの少数民族組織から構成される連合体が結成された。その設立趣旨には「少数民族」という用語が使用され、「ビルマ民主化のために活動している在日のビルマ人組織と協調・協力するために、在日少数民族グループを代表する協議会が必要」との考えが表明されている。

そして、「ビルマ少数民族」として各組織がそれぞれの民族の問題を協力して協議する方針のもとに連帯し、抗議デモやロビーなど、さまざまな政治活動を展開するようになった。ＮＬＤ－ＬＡ－ＪＢが主催していたビルマの独立を記念する記念日の式典を主催したり、国境の難民キャンプやビルマ国内で緊急支援が必要な場合には、民族グループは関係なく相互に協力するようになった。また、メディアでは報道されないビルマ国内の各民族州で起こった出来事の情報共有も重視した。ビルマでは、情報が統制されていたり、場所によっては簡単に移動できないなど、都市部で生活する少数民族グループは民族州で同胞がおかれた状況を把握できない場合がある。そのため、ＡＵＮでは、民族州から寄せられる情報を積極的に共有している。また、それまでは、仮にこれらの実情を把握していたとしても、ビルマ国内では地下活動や反政府軍に参加するなどの危険と隣りあわせの活動に関与するか、それらの活動からは距離をおくかという選択しかなかった。しかし、日本でＡＵＮが結成された結果、例えば、日本政府や国際機関から圧力をかけてもらえるように働きかけるなど、具体的な活動できるようになった。このように、「ビルマ少数民族」の間で構築された協力体制が連合体結成の大きな成果である。

この時期に設立された民主化組織もまた、改善されないビルマ情勢に対して、何かできないかとの定住ビルマ人の思いから設立された。新たな民主化組織として、ビルマ民主化行動グループ（BDA Group：Burma Democratic Action Group）、ビルマ民主連合（日本）（DFB-JP：Democratic Federation of Burma〈Japan〉）、新社会建設民主党―日本支部（DPNS-JPB：Democratic Party for a New Society-Japan Branch）が設立された。すでに既存の組織で活動していたBDA-GROUPの設立者は、政治活動の未経験者でも気軽に参加できる組織が必要だとの思いから設立を実現させた。ビルマ国内の情報の発信、抗議デモへの参加、ロビー活動などによる日本社会への働きかけ、そして、他組織との連帯を重視し、のちに言及する少数民族組織と民主化組織との連合体結成における中心的な役割を担った。また、少数民族組織、海外カレン機構（日本）（ＯＫＯＪ：Overseas Karen Organization, Japan）が設立されたり、既存組織が改編されるなど、日本定住ビルマ人の政治活動はさらに活発化した。

この時期の特徴は、個々の〇〇民族としての活動に加えて「ビルマ少数民族」としての活動が始まったことである。それまでＮＤＦ―Ｒｅｐ―ＪＰを除いてすべての少数民族組織が政治活動を避けていたが、政治活動を目的とした複数の組織が設立され、さらにその連合体が結成された点が注目に値する。この連帯はまた、日本側からみてもビルマにおける民族問題への理解を深める結果となった。一九八八年や二〇〇七年のような大規模な抗議デモや、アウンサンスーチーの動向など、話題性の高いニュースであれば、日本のメディアも取り上げるが、

写真４　自宅から国境の同胞にメールを送る少数民族グループのリーダー

写真５　少数民族グループのリーダー宅の壁に貼られたAUNのバナー

少数民族グループを取り巻くニュースを取り上げることはほとんどない。ビルマ国内では、国民統合について、すなわち少数民族グループを含む国家のあり方が政治の中心課題であるが、日本ではこの点について、ほとんど認識されていなかったか、または、重要視されていなかった。ところがＡＵＮは、これまで注目されていなかった「ビルマ少数民族」問題を具体的に説明しうる存在となり、日本のメディアにも徐々に取り上げられるようになった。

　ただし、この時期は、日本社会からすれば定住ビルマ人は相変わらず不可視な存在であった。ディベーイン事件がきっかけとなり、ビルマ大使館前で抗議デモに参加する人は増加したが、それでもまだ一部の人の間でみられた動きであった。さらにこの事件の影響を受け、二〇〇三年には難民申請者が一〇〇名を超したが、同年に難民認定されたのはわずか五名であり、日本社会におけるビルマ難民が大きく受け入れられた時期とは言い難い。難民認定者は、二〇〇〇年には一五名、二〇〇一年には一二名と、何れも低い数字で、この時期の日本の難民受け入れはまだ狭き門であり、ビルマ難民が広く日本社会に認識されるまでにはいたっていないと判断できる。

5　第五期（二〇〇四〜二〇一三年）少数民族組織と民主化組織との連帯形成期

この時期には、少数民族組織と民主化組織との連帯という、これまでにない動きがみられた。二〇〇七年八月にビルマで展開された僧侶と市民を中心とした抗議デモが直接のきっかけとなり、少数民族組織と民主化組織の連合体である在日ビルマ人共同行動実行委員会（ＪＡＣ：Joint Action Committee）が同月に結成された。参加組織は、最も多い時には三一組織（民主化組織六、少数民族組織一四、女性組織一、労働組合四、その他六）が名を連ねており、定住ビルマ人組織としては最大規模の連合体である。連合体結成への動きは二〇〇〇年代の中ごろからあった。ビルマでは、八八デモの学生リーダーであるミンコーナインが二〇〇四年一一月に釈放された。それをきっかけとして、引き続きすべての政治囚釈放を求める機運が高まり、署名集めを始めとした"White Champaign"が二〇〇六年一〇月に始まった。これらの動きに呼応し、定住ビルマ人の間で日本でも同様の活動を展開しようとの機運が高まった。実はその時期と前後して、少数民族組織と民主化組織の代表者間で、相互連帯の実現に向けて話し合いがもたれていた。その理由として、窓口が一本化されていなかった定住ビルマ人のロビー活動のあり方について、改善を求める声が当事者から挙がっていたのである。効率よいロビー活動の必要性が認識されるようになっていた上に、ビルマ国内外と歩調を合わせた共同行動を展開すべきとの声が高まり、連合体結成が実現した。大使館前の抗議デモや定期的な会議などに加え、結成のきっかけとなった本国での抗議デモを振り返り、日本社会や国際社会に働きかける集会を催すなど、活発な活動を展開した。

その後、二〇一〇年の総選挙後にＪＡＣから移行する形で新たな連合体、ビルマ民主化ネットワーク日本（ＮＤＢ：Network for Democracy in Burma）を結成した。組織名は、総選挙直後に三度目の自宅軟禁から解放されたアウンサンスーチーがビルマ国民間のネットワークを呼びかけた際の言葉によっている。二〇一一年秋以降、ビルマ政情に変化がみられるが、民族州におけるビルマ軍の攻撃は止まず、解放されない政治囚が存在するなど、問題は残っていた。従来に比べ、トーンは弱くなっているが、未解決の諸問題に対し抗議の意を表明し続けた。また、海外からビルマ関係の活動家が来日した場合などには、特定の民族グループだけではなく、NDBを構成する組織が協力し対応している。

さらに、この連帯を象徴するのが二〇一三年四月に来日した民主化運動のリーダー、アウンサンスーチーを迎えるにあたって定住ビルマ人がとった行動である。来日が決定すると、関係者が中心となって、NDBのメンバーである少数民族グループおよびビルマ民族の組織代表者が執行委員会を組織した。事前に会議を何度も開催し、訪日の準備を整え、滞在中には大規模な講演会の運営などにあたった。これが一九九〇年代や二〇〇〇年代前半であれば、民主化勢力、すなわちバマーだけでこれらの役割を担っていた可能性が高いが、四半世紀にわたる活動を通して構築された連帯がこの共同行動を実現させた。これらの政治活動を実施したり、対外向けにイベントの案内などを出す際には、従来のように各組織名を連ねるのではなく、「Burmese Citizen in Japan」、「在日ビルマ人」という表現を積極的に使用するようになった。

これらの連帯をうみだした要因は、ビルマと日本の両国にある。まず、二〇〇四年から二〇〇八年にかけて、「不法滞在者五年半減計画」に基づく厳格な取り締まりが東京を中心に実施された。それは、二〇〇三年のディベーイン事件に引き続き、機会があれば帰国したいとの思いから在留資格の期限が過ぎても滞在していたビルマ出身者に、帰国か滞在を継続するかの大きな決断を促した。ビルマ出身者の在留外国人登録数は常に増加していたが、二〇〇四年と二〇〇五年に限って一五〇～二〇〇名程度減少している。この減少は、この非正規滞在外国人への取り締まりの結果、ある程度まとまった数のビルマ出身者が帰国を選択した結果であると考えられる。いわゆるブルーカラー職従事者には労働ビザを発給していない日本において、滞在の継続を希望したビルマ出身者にとって、得られる在留資格の選択肢は多くはなかった。具体的には、難民制度の利用、日本政府に対して正規の在留資格を要求、日本人との結婚などがその選択肢として挙げられるが、ビルマ出身者にとって、もっとも現実的な方法は難民認定制度の利用であった。第一章で確認したとおり、この時期の難民申請者数は急増し、二〇〇四年一三八名、二〇〇五年二一二名、二〇〇六年六二六名、二〇〇七年五〇〇名、二〇〇八年九七九名が手続きをとった。そして、これらの難民申請者がその手続きの過程で相談したのが、同胞によって運営されていた組織であった。少数民族グループはAUNまたはそれぞれの民族組織に、バマーは民主化組織に相談し、難民申請の手続きをとった。この難民申請の手続きと同時に、多くの定住ビルマ人が、それまでは距離をおいていた政治活動に参加するようになった。この時期のビルマ大使館前のデモに多数のビルマ出身者が参加するようになったのにはこのような背景がある。

上記の超過滞在者への取り締まりキャンペーン中に、定住ビルマ人の連帯を強化する動きがビルマ国内でも起きた。いっこうに改善しない経済状況のなかで、燃料代の大幅な引き上げを断行したビルマ政府に対する抗議として、二〇〇七年八月より僧侶を中心とした抗議デモがおき、そのデモを撮影していた日本人ジャーナリストが射殺されるという事件が起きた。そして、一連の動きがやや沈静化した二〇〇八年四月には、大型のサイクロンがビルマ南西部のデルタ地帯を襲い甚大な被害を出したが、ビルマ政府は救援活動を行わずに、予定していた国民投票を強行した。憲法案の国民投票を強行するための行動であったが、国民の安全を顧みない軍事政権の実態が世界中に露呈したのである。さらに、二〇一〇年には、アウンサンスーチーを軟禁下においたまま、軍人が総数の四分の一の議席を確保することが保障されるといった、いわば茶番めいた総選挙がビルマで実施された。これらの動きに連動し、日本でも定住ビルマ人は結束を強め、連日抗議行動を行い、連帯がさらに深まった。

この時期の連帯を通して、少数民族グループ当事者の意識に変容がみられた。まず、黎明期の少数民族「非政治」組織は、国内外の同胞を対象とした「非政治」活動を展開していたため当事者の意識には変容はみられず、来日前の○○民族のままで、「ビルマ人」意識は希薄であった。ところが、二〇〇三年にビルマ国内でアウンサンスーチーが襲撃される事件が起き、それを受けて日本では少数民族グループの連合体結成という大きな動きがあった。個々の民族グループは小規模ゆえに相互協力が不可欠であるとの考えが共有され、まずは「ビルマ少数民族」として行動することが重要であると捉えるようになった。結果として、少数民族グループには○○民族としての意識に加えて、「ビルマ少数民族」という意識が強調されるようになった。その後、この少数民族組織の連合体が民主化組織と連合体を結成するというふたたび大きな動きがあった。この時期に結成された二つの連合体の日本語名称は、「在日ビルマ人共同行動」および「ビルマ民主化ネットワーク日本」である。この名称はバマーが一方的に決定したのではなく、参加組織が協議し、合意の上で決定した。「ビルマ少数民族」は「在日ビルマ人」として活動することを選んだのである。それぞれの少数民族グループは、日本ではよく知られていない存在であるために、「在日ビルマ人」として日本社会にアピールしたいという当事者の意志がこの動きを活発化させたという側面もある。そのため、この第五期には、○○民族、「ビルマ少数民族」という意識に加えて、それまで馴染みのなかった「在日ビルマ人」として政治活動をすることの重要性が認識され、実際の行動にも反映されたのである。

しかし、このような変化を受けて、少数民族グループ側には何らかの葛藤はなかったのだろうか。ビルマ国内の少数民族グループに対する差別的な扱いについて、軍事政権が主導し、生み出されているものであると複数の少数民族組織リーダーは捉えている。また、現在のビルマの混乱は、イギリス植民地下の分断統治や独立後の政治のあり方が原因であり、一般のバマーに対する個人的な恨みはないというのが共通した意見であった。それよりも、日本にいる自分たちが望むことは、国内や国境で暮らす同胞の生活環境を少しでも改善することであり、バマーと協力してそれが実現するなら、積極的な連帯を望む考えをもつ人が大半であった。このようなリーダーの考えは、多くのメンバーに共有されているという。それぞれの個人的な経験を蒸し返すよりも、せっかく結成したバマーとの連合体のなかで協力する方が、同胞のためになるという考えが共通意見として見受けられた。日本の政府や社会に対して、「在日ビルマ人」としてまとまって自分たちの主張を訴えていきたいとの考えがその根底にはある。そのような考えもあって、○○民族としての活動に加え、ＡＵＮでは「ビルマ少数民族」としての活動、そしてＪＡＣやＮＤＢでは「在日ビルマ人」としての活動に参加するようになったのである。二〇一〇年総選挙をめぐる考え方の違いから組織活動は一時的に分裂したが、選挙後の抗議活動や記念式典の開催などは、「ビルマ少数民族」として、または「在日ビルマ人」として協力している。これらの動きから明らかなのは、四

写真6　少数民族グループとバマーの連帯組織JACが催した集会

写真7　来日記念集会にて参加者から寄せられた質問に目を通すアウンサンスーチーさん

写真8　アウンサンスーチーさん来日記念集会用の領収書

半世紀を経て、定住ビルマ人の間にエスニシティを超えた連帯が育まれているということである。

この時期、特に二〇〇〇年代中ごろは、超過滞在する外国人にとって、いつ拘束されるかと文字通り戦々恐々の日々を送っていた時期であった。超過滞在者を取り締まるキャンペーンが首都圏を中心に集中的に実施され、JR山手線や主要な地下鉄の駅改札には、多くの警官が配置された。外国人風という見た目の判断で証明書の提示を求められ、携帯していないとわかるとその場で警察署に連行された。そして、超過滞在だとわかると入管の施設に収容されるようになっていた。それまでは超過滞在の状態であっても拘束されることがほとんどなかったため、当たり前のように働き暮らしていた定住ビルマ人は、日々の出勤を含め、外出することに恐怖を感じるようになっていった。ディベーイン事件のこともあり、帰国を諦め、当面は日本で生活していく決意をした定住ビルマ人には有効な在留資格を得る必要がでてきた。そのなかでもっとも現実的な方法が難民認定制度の利用であった。結果的に、第一章で確認したように、二〇〇〇年代、ビルマ出身の難民申請者数は急増し、難民として認定されたり、人道的な理由で在留資格を得る人が増加した。

そして、超過滞在になっていた多くの定住ビルマ人は、この難民申請の手続き過程で上記の各組織に相談するようになった。この時期の政治組織への関わりを通して、それまでは距離をおいていた抗議デモなどに参加する少数民族グループが急増した。国内の家族への危険という不安がなくなった訳ではないが、数百名が集まるようになった抗議デモの現場では個人を特定することはほぼ不可能であると考え、ビルマ出身の多くの仲間がいるという安心感もあり、定住ビルマ人による組織活動を活性化させた。このように、少数民族グループはこれらの組織活動を通して、「在日ビルマ人」として活動する機会を得たのである。

では、日本社会は定住ビルマ人をどのように捉えるようになったのだろうか。日本の難民受け入れ政策は消極的だといわれているが、二〇〇〇年代中ごろから後半にかけては、従来の認定者が年間に数名という規模とは比較にならない人数のビルマ出身者に庇護を与えるようになった。その結果、日本社会からは不可視な存在であった「在日ビルマ人」が、さまざまな機会をつうじて徐々に認識されるようになった。また、この時期のビルマ国内でおきたさまざまな出来事がきっかけとなり、ビルマという国への注目が高まった側面も見逃せない。それを証明する動きを探すことは難しいことではない。象徴的な動きの例として、休眠状態であったビルマの民主化を支援する国会議員の会合が開催され、関連省庁などが日本国内の定住ビルマ人組織関係者とODAのあり方について協議の場を積極的に設けるなど、目に見えて日本側からの働きかけが増加した。テレビや新聞などでの報道が増え、大学や自治体主催の講演に招聘される定住ビルマ人も増えた。二〇一〇年には、「少しずつではあるが、日本でも少数民族難民のことが知られるようになってきた」と当事者の言葉が紹介されている[6]。つまり、この時期になり、ようやくビルマ難民の存在が日本社会のなかで認識されるようになったのである。このように、日本における超過滞在者への取り締まり強化と改善されないビルマ情勢という日緬両国の社会事情が、日本での難民申請を促し、それがきっかけとなって政治活動に参加するビルマ出身者が急増し、少数民族グループとバマーの連帯を促進させたのである。

三　在タイ・ビルマ人組織活動の特徴

本節では、日本における定住ビルマ人の組織活動のあり方をより客観的に把握するために、タイ王国におけるビルマ人の組織活動の特徴を概観する。

ビルマと国境を接するタイには、ビルマ独立以前から人びとが往来しており、現在でもタイは在外ビルマ人最大の越境先となっている。ビルマ側からタイ側への越境にはさまざまな契機があるが、ビルマ独立後の一九五〇年代以降に、中国国民党軍の残党が越境したことが直接間接的な要因となり、東北部のシャン州からタイ側への移住がみられた。

当時移住したグループのなかにはすでに三世代にわたって暮らしている人もおり、タイの市民権を得ている人もいる。また、組織活動との関わりという観点からは、八八デモを契機とした越境、そして、越境後に欧米諸国の市民権を得てから活動の拠点としている層が重要である。これらのいわゆる活動家は日常的に諸外国とタイを往来している場合が多い。さらに一九九六年にビルマ・タイ国境を拠点としていた麻薬王クンサーが、ビルマ政府側に投降したことをきっかけに、両国軍が一触即発の事態となり、危険回避のためタイ側へ越境する人も増加した。それ以外にも、シャン州からタイ側への越境は、正規の在留資格を持たない「不法入国」が一般的な越境手段となっている場合もある。「不法入国」および「不法滞在」のシャンがタイ国内で就労を可能にした要因は、一九九〇年代にブームとなったタイ人の中東などへの出稼ぎによって、タイ国内の労働力が空洞化したからである。そして、それを補てんしたのが、シャンをはじめとするビルマからの越境者であった。職種の中心はタイ人労働者が避けるようになったいわゆる三Kの仕事であった。在留資格のないシャンは、タイの雇用主にとって容易に搾取や解雇などができる都合のよい存在であり、これは二〇〇〇年代中ごろまでの定住ビルマ人が日本でおかれていた状況に類似する。

二〇一二年二月時点で、在タイ・ビルマ人組織が一〇〇以上あり、バマーを中心とした民主化組織、少数民族グループを中心とした非武装組織と武装組織、さらに、それぞれの連合体および公式な連合体ではないが、緩やかな協力関係が構築されている。(7) 八八世代の活動家が関わっている民主化組織の多くは、八八デモ直後には国境近くで活動していたが、後にタイの首都バンコクに拠点をおくようになった。それ以外の組織は、タイ北部のチェンマイ、ビルマ国境のメーソットおよびメーホンソンなどを拠点として活動している。これらの組織では、国際社会や主要国政府への働きかけなど、専門性の高い政治活動を効率良く展開するために戦略的に連帯している。八八デモ直後に、バマーの活動家が国境拠点の少数民族組織に支援された経緯もあり、少数民族組織とバマー組織のネットワークも充実している。唯一例外的な立場にあるのが、武装組織である。多くの非武装在タイ・ビルマ人組織は、外部資金を得る必要があるが、それには、武装組織と連帯していないことが条件となる。したがって、両者は対立しているわけではないが、非武装組織は必然的に武装組織との積極的なつながりはない(8)。

また、在タイ・ビルマ人組織の特徴として見逃せないのが、女性組織の活動が多岐にわたり、活発に展開されている点である。第二章でふれたシャン州出身の在チェンマイのWさんは、外国人としてタイで生活する上で、雇用問題、教育、母子福祉、ＨＩＶ／ＡＩＤＳ、保健衛生などのさまざまな問題を抱えており、長年の滞在のなかで必要に応じてこれらの問題に対応するうちに女性組織を形成した。女性組織は、ほとんどの主要民族グループが結成しており、タイの日常生活で、直面する問題の改善をはかっている。仕事帰りなどに立ち寄り、相談受け付け、情報収集、交流などを目的とした場を提供している組織もある。民族グループによっては、国内避難民の支援、人身売買被害者の保護など、緊急の課題にも可能な限り対応している。外部資金を獲得し、エンパワーメント、女性特有の被害実態の調査や報告書の出版など、各プロジェクトを実施する組織もある。さらに、女性組織の連合体を結成し、女性の権利や政治参加などの課題克服に向けて積極的な取り組みを展開している。

日本とタイにおけるビルマ人組織の歴然とした違いは、生活と政治活動の棲み分けにある。平日は移住労働者として働き、週末になると政治活動に時間を費す生活を送る日本定住ビルマ人についてすでに述べたが、タイでは、活動家と労働者との棲み分けがなされている。在タイ・ビルマ人組織の幹部は、八八デモ後に越境し、欧米などで市民権を得ているエリート層が多い。国際ＮＧＯのプロジェクトに参画するなどして、それぞれの居住地で生活を維持しながら、地理的にビルマに近いタイ北部のアクセスのよい場所を拠点として活動する生活パターンが多い。一方、在タイのビルマ人労働者は、契約期間満了後に帰国することが前提となっており、欧米諸国の市民権を有するエリート層とは異なる法的立場にある。したがって、労働者は政治活動から距離をおかなければ、ビルマ国内に残した家族への嫌がらせや、当事者の帰国時に何らかの問題が発生する可能性が高い。これらのリスクを回避するために、ビルマ人労働者は政治活動には参加していない。そのため、タイでは、大勢のビルマ人が集まってデモをする機会はほとんどない。労働者層が政治に参加しなければ意味がないが、諸事情がそれを許さないことも承知しており、在タイの同胞労働者に対して政治活動参加を無理強いするわけにもいかず、よい方策がないかと悩んでいる政治活動家もいる。このように、在タイ・ビルマ人組織の特徴は、日本で一般的となっている二足の草鞋を履いた状態とは異なり、政治活動家と移住労働者の棲み分けなされている点である。

四　小結

本章では、まず日本に定住するビルマ出身者の組織活動の変遷を五期に分けて考察した。東京の事例に限定されるが、来日前には、異なるエスニシティを育んでいたビルマ出身者が、四半世紀を経て少数民族グループとバマーの組織が連帯し、それにともなった意識の変容がみられる。それぞれの時期の特徴は、第一期（一九八八～一九九四年）民主化組織と少数民族「非政治」組織の黎明期、第二期（一九九五～一九九九年）民主化・少数民族「非政治」組織支部の設立期、第三期（二〇〇〇～二〇〇二年）民主化組織の相互連帯期、第四期（二〇〇三年）少数民族組織の設立と相互連帯期、そして第五期（二〇〇四～二〇一三年）民主化組織と少数民族組織の連帯形成期である。

以上の変遷の特徴から、まず、少数民族グループの意識はどのように変容したのか考察した。第一期から第三期までの少数民族グループは、来日前から引き続き〇〇民族として生活していたことが自明であった。日本に滞在していたが、ビルマ国内の家族への危害を恐れ、また、有効な在留資格を有していないことから、政治活動とは距離をおいていたのである。ただし、相互扶助および文化活動などを目的とした組織が存在し、そこでは、国内や国境の同胞や日本で暮らす同胞を対象とした支援活動、そして、民族イベントなどが開催されていた。宗教施設などで、ほかの民族グループと接する機会があっても、お互いに必要以上に自分たちのことは話さない、相手にも詮索しないという暗黙の了解があった。また、イベント会場などでバマーと接する機会があっても話をしないなど、○○民族の世界で暮らしていたのがこの時期の少数民族グループであった。

それが大きく変化したのが第四期以降である。まず二〇〇三年には、家族への危険の心配が少ない少数民族グループの人たちが中心となって、政治活動を目的とした組織を設立し、連合体を結成した。結成直後には参加を希望する少数民族グループは少なかった。しかし、二〇〇四年から始まった超過滞在者の取り締まりキャンペーンにより、入管施設に収容される同胞が増えてくると、ビルマ国内の家族と相談するなどして、難民申請の手続きをとる少数民族グループの人が増加した。難民申請の際、多くの少数民族グループが二〇〇三年に結成された少数民族連合体ＡＵＮや少数民族組織に相談した。そして、難民申請後には在留資格がない状態でも原則的には入管施設に収容される心配はないため、抗議デモなどの政治活動に参加するようになった。まずは、「ビルマ少数民族」であることを、二〇〇〇年代後半以降に、少数民族グループと民主化組織の連合体が結成されると、「在日ビルマ人」であることも主張するようになった。少数民族グループの自己認識の根底にある○○民族としての意識が消滅したわけではないが、それでも自分たちは、「ビルマ少数民族」であり、また「在日ビルマ人」であるということを根拠に、積極的な政治運動を展開するようになった。この一連の動きを通して、○○民族の当事者たちは意図せずとも「ビルマ少数民族」であり、また「在日ビルマ人」でもあるという、自己認識に重層性をもつようになったのである。これは、少数民族グループの来日当初の認識には備わっていなかったものであり、その当時と比較すると当事者のエスニシティが大きな変容した。

次に、日本社会はビルマの少数民族グループをどのように捉えていたのかを考察した。来日当初の少数民族グループは自分たちを来日前と同様に〇〇民族であると捉え、ビルマ当局の目を気にしていた。また在留期間が超過したままの状態で暮らしていた人も多くいたため、結果として日本社会との接触を意識的に避けていた。つまり、日本社会からは不可視な存在であったのである。一九八〇~九〇年代のニューカマーといえば、官民挙げて受け入れを促進した日系南米人が、話題の中心であり、定住ビルマ人の存在はけっして大きなものではなかった。しかし、その環境が変容したのが二〇〇三年以降である。この時期以降、少数民族組織の政治活動への積極的な参加が確認されるようになった。その変容には、超過滞在者の取り締まりの強化とその対策としての定住ビルマ人の難民申請件数の増加、そして庇護を受ける定住ビルマ人の急増という要因がある。取り締まりキャンペーンの結果として、日本社会には数十万人規模の超過滞在者が存在するとの認識が広まった。そしてそのうち、ビルマ出身者については、南アジアや中国出身者とは異なる扱いがなされるようになった。奇しくもこの時期に、二〇〇七年の僧侶を中心としたデモやそのデモの模様を撮影していた日本人ジャーナリストの殺害、二〇〇八年の大型サイクロンの際のビルマ軍事政権の不誠実な対応など、日本人の注目を集める出来事がビルマで起こった。そして、ビルマ軍事政権の人権侵害の実情などに関する報道が急増し、日本社会もそれに注目するようになった。その結果、日本に超過滞在しているビルマ出身者については、簡単に追い返すわけにはいかない存在であると認識されるようになった。そうしたことによって、第一章で考察したように日本政府はビルマ出身者に対して庇護を与えるようになり、定住ビルマ人は日本社会のなかでの難民としての存在感を示すにいたったのである。

それと同時に、定住ビルマ人は、徐々に、難民、移住労働者、無国籍者などを支援する組織と協力関係を構築して、日本社会でその存在をさらにアピールしていった。労働組合を除く定住ビルマ人組織は移住者の市民権を

表8　定住ビルマ人の組織変遷と少数民族の意識

	期間	組織変遷の特徴	少数民族グループの意識	日本社会
1	1988 ～ 1994 年	民主化組織と少数民族「非政治」組織の黎明期	○○民族	—
2	1995 ～ 1999 年	海外拠点の民主化・少数民族「非政治」組織支部の設立	○○民族	—
3	2000 ～ 2002 年	民主化組織の相互連帯	○○民族	—
4	2003 年	少数民族組織の急増と相互連帯	○○民族／ビルマ少数民族	—
5	2004 ～ 2013 年	民主化組織と少数民族組織との連帯形成	○○民族／ビルマ少数民族／在日ビルマ人	難民

積極的に要求してきたわけではない。ビルマの状況改善のため可能な範囲で活動、そして相互扶助を展開してきただけである。それが結果としては、当初の不可視な存在から、ビルマ出身者のなかには多くの難民がいると日本社会に理解されるようになったのである。このような経緯で、定住ビルマ人は不可視な存在から難民として日本社会に受け入れられるようになった。本章の結果をまとめると以下の表8となる。

四半世紀を経てもビルマ情勢は改善せず、なかには戦闘の激化やそれによる一般住民の避難生活の長期化など、状況が悪化している地域もある。諸事情により来日したビルマ出身者の多くは、状況が改善すればすぐにでも本国に戻るつもりであったが、結果的に滞在は長期化してしまった。将来的な展望を持つことができないそのような環境下で、少数民族組織と民主化組織が折りあいをつけて歩み寄った結果が相互の連帯である。両者の中心課題は、前者が少数民族グループへの平等な権利の要求、そして後者が民主化の要求と異なるが、何れもが市民を主体とした民主的な社会の実現を要求している。数の論理に左右される現行の民主制度の中に少数民族グループの意見をどう取り入れるかなど、具体的な運用面では多数派と少数派という立場の違いから合意が難しい論点もあるが、これらの問題をお互いが理解したうえで、定住ビルマ人は連帯を実現させている。

少数民族組織と民主化組織との連帯はまた、単に両者が連帯したという以上の意義をもっている。両組織の構成メンバーのエスニシティに注目すれば、前者が「ビルマ少数民族」、後者がバマーである。すなわちこの連帯は、「ビルマ少数民族」とバマーとの連携である。つまり、これはエスニシティを超えた連帯なのである。エスニシティを超えた連帯が定住ビルマ人の間で育まれているのである。第二章で述べたとおり、ビルマでは、少数派の諸民族と多数派のバマーをいかに連携させ、連邦国家を構築するのかが、独立以降、常に政治の中心課題であった。この「ビルマ少数民族」とバマーとのエスニシティを超えた連帯こそが、ビルマの政情を安定させる重要な動きなのである。その意味で、日本で四半世紀のときを経て構築されたエスニシティを超えた連帯は、研究上の新たな発見であるとともに、ビルマ問題の解決への糸口となりうる点からも大きな意義をもつ。

注

(1) X氏は、一九六二年のネィウィンによるクーデター時にヤンゴン大学医学部四年生だったが、大学閉鎖や学生に対する弾圧等を目の当たりにし、自国政府のあり方に懐疑的であった。当時、海外渡航の機会は限定的であったが、日本留学の機会を得て来日した。資格を取得し、歯科医院を開業していたX氏は、人権が擁護されている日本では政治的な活動を行っても拘束される心配はないと考え、行動を起こした。とはいえ、初回は不安が拭えず、留学中に面倒を見てもらっていた日本人恩師に大使館前まで同行してもらったという。

(2) 一九九〇年五月にビルマ民主化国際ネットワークがたちあがり、一九九二年五月には国際会議が開催された(早稲田大学アジア太平洋研究センター編、二〇〇三年、二一一—二一三、二二五—二二七頁)。しかし、エリート層が中心となっていたことから、他の組織との協力関係の構築にはいたらなかったという。この点については上智大学の根本敬教授にご教示いただいた。

(3) ティンケッ(DBSO代表)、田辺寿夫訳「民主ビルマ学生連盟(DBSO)のあゆみ」ビルマ市民フォーラム『Burma フォーラムニュース』二、一九九七年、八—九頁。

(4) 島村玄「祖国の自由化・民主化を求める在日ビルマ人たちの思想と行動」政界出版社『政界』七一、一九九七年。

(5) ビルマ市民フォーラム『アリンヤウン』第二二号、二〇〇二年、二六頁。

(6) 三竹直哉、二〇一〇b、四九—五〇頁。

(7) 二〇一二年二月二一日、在チェンマイ日本領事館関係者への聞き取り調査より。

（8）　根本敬「ビルマ民主化運動における暴力と非暴力――アウンサンスーチーの非暴力主義と在タイ活動家たちの理解」『年報政治学』二〇〇九―二号、一二九―一四九頁。

第五章　日本定住ビルマ人の選択

本章では、二〇一一年のビルマ「民政移管」後の日本定住ビルマ人の選択を考察する。ここまで、本書では定住ビルマ人の意識の変容を解明するために、第三章で少数民族グループの来日前のエスニシティのあり方を分析し、第四章で来日後の組織活動の変遷からエスニシティを超えた連帯が育まれた経緯を明らかにした上で、それに伴う少数民族グループの意識変容を考察した。本章では当事者の選択を通し、そのエスニシティを超えた連帯が日本で持つ意味をさらに探究する。まず、「民政移管」以降のビルマ情勢から在外のビルマ出身者への影響を考察する。次に、定住ビルマ人の日本における在留資格に関する統計、そして定住ビルマ人を対象に実施されたアンケート調査の結果を分析し、帰国しない選択をしている定住ビルマ人が多い点を明らかにする。そのうえで、定住ビルマ人の将来に関する考察を行い、最終的に日本で「ビルマ人」として生きるという当事者の選択が「ビルマ系日本人」誕生につながる可能性を考察する。

一　ビルマの「民政移管」

ビルマは「民政移管」したとされている。それに先立ち、二〇一〇年一一月には総選挙が実施され、その直後には、のべ一五年二か月にわたり自宅に軟禁されていたアウンサンスーチーが解放された。二〇一一年三月には、軍事独裁者タンシュエの部下であったテインセインが大統領に就任した。二〇一二年一月には、八八デモに参加した学生や亡命メディア関係者をはじめとする数百人規模の政治囚が解放された。二〇一二年四月の補欠選挙ではアウンサンスーチーが当選し、晴れて国会議員となった。国会では、改革を象徴するさまざまな経済法案が出され、「民政移管」が具体化したとされている。その結果、経済制裁が緩和され、投資に向けた準備が進み、ビルマはアジアに残された最後の投資先として、日本を含む欧米諸国などから注目を浴びるようになった[1]。また、二〇一五年一一月に実施された総選挙では、アウンサンスーチー率いるＮＬＤが過半数の議席を得て、ついに政権を奪取した。外国籍を有する家族がいる場合には大統領に就任できないと憲法で定められているが、アウンサンスーチーは新設の国家顧問ポストに就き、実質的な国家運営を担っている。しかしながら、これら一連の改革について、国軍を中心とした国家体制を再構築しているだけだという見方もある。国軍が国民を監視する体制は依然として維持され、政府や軍を批判するメディア関係者が新たに拘束されている。また、少数民族問題の克服以外にも、国軍と国民との間に存在する対立の解消、多数派仏教徒と少数派ムスリム間の対立の解決が、アウンサンスーチーの目指す国民和解の推進には不可欠であるとの指摘もある[2]。

人の移動という観点からこの間のビルマを考察すると、既存の問題が取り残されているだけでなく、新たな避難民の流出という問題が発生している。たとえば、二〇一一年六月には、資源が豊富な北部のカチン州でカチン独立軍とビルマ国軍との戦闘が勃発、数万人規模の避難民が中国側に脱出した[3]。カチン勢力とビルマ中央政府との停戦協定は一七年間維持されていたが、この地域のダム建設地をめぐり、両者の衝突が勃発した[4]。また二〇一二年六月には、仏教徒とイスラム教徒が混在する西部のアラカン州で暴動が起き、数万人規模の避難民が中国側およびバングラデシュ側に脱出し、二〇一六年三月現在一三万人以上が避難民となったままである[5]。二〇一三年三月には、マンダレー管区で仏教徒とイスラム教徒の衝突が、また、シャン州ではビルマ軍による攻撃が起きるなど、さまざまな問題が新たな避難民を生み出した。

新たな難民を生み出していることに加え、地域によっては非軍事化や地雷撤去が進んでおらず、避難民の帰国もままならない状況が続いている[6]。すでに述べた通り、タイ国境には主にカレン民族が暮らす難民キャンプがあり、ピーク時には約一四万人が避難生活を送っていた。「民政移管」から六年が経過した二〇一七年四月時点においても、九か所のキャンプに一〇万人強が暮らす[7]。これらの難民は、この先いつ帰国できるのか、帰る場所はあるのか、そのままキャンプで一生過ごさなければならないのか、などの不安を抱え、その多くは未だに将来の見通しが立っていない。二〇一三年六～七月にタイ国境で最大規模のメラキャンプで実施された調査では、安全が保障できない点などを理由に、ビルマに戻るよりも、第三国への転出またはタイ側に止まることを希望する者が約九割に上っていた[8]。二〇一六年八月に実施された調査においても大多数の避難民はビルマへの帰還を望んでおらず、難民の本国帰還に関する状況に抜本的な進捗は見られないままである[9]。

総人口の約一割を占めると見積もられる在外のビルマ人労働者が本国ビルマに戻っても、その労働力を受け入れる体制がまだ整っていない。また、それと同時に、ビルマ国内に残された家族を支えるため海外送金が必要とされている。二〇一二年四月にタイを訪問したビルマ政府関係者は、ビルマ国内の労働市場拡大にはまだ時間がかかるため、海外送金に頼らなければならず、在外のビルマ労働者の権利擁護が重要であると述べている[10]。それまで、ビルマ政府にはこのような姿勢はなかったが、この背景には、在タイのビルマ人労働者に引き続き外貨を稼ぎ、送金して欲しいとの政府側の意図が読み取れる。約15年におよぶ自宅軟禁から解放されたアウンサンスーチーが、国会議員として初めての海外訪問先として選んだのも、タイであった。隣国と友好的な外交関係を維持するという目的はもちろんあるが、彼女の訪問のもう一つの目的は在タイのビルマ人労働者を激励することであった。つまり、現政権が在タイ、ひいては在外のビルマ人労働者に今しばらく当該地に残って外貨稼ぎを担ってほしいとの意思表示をしていたと捉えることができよう。さらにこの志向を裏付けるのが、二〇一二年五月にビルマ国内で開催された経済成長戦略会議での協議内容である。そこでは在外同胞が中国やベトナムの経済改革後に与えた影響を肯定的に捉えており、今後のビルマの発展のため、将来的には在外ビルマ人労働者の帰国を奨励すべきとの案が検討されている[11]。

実際のところ、「民政移管」後も多くの定住ビルマ人は帰国していない。新たな難民を生み出す規模の攻撃や暴動がおき、またそれが静まったとしても直ぐには帰還できないという課題がビルマにはある。数百万におよぶ在外同胞を受け入れる労働市場は今のところビルマ国内にはなく、その代りに引き続き海外送金が必要であると公に認識されている。日本定住ビルマ人は状況が改善されればいつでも帰国したいと望んできたが、現在のビルマの状況では帰国を選択できないのも無理はない。つまり、「民政移管」後の実情に照らしあわせても、定住ビルマ人の滞在はさらに長期化する可能性が高いと判断せざるを得ない。

それと同時に、来日後に構築されたエスニシティを超えた連帯が維持されている点も確認できる。例えば、国軍による民族州への砲撃に対し、定住ビルマ人は対象となっている民族グループだけでなく、「在日ビルマ人」として共同で抗議行動を展開している。直接的な課題に加えて、政治囚の釈放を要求するなど、ビルマ社会に長期間放置されている課題も取り上げ、改善をはかろうとしている。その他にも、ビルマ人権の日を記念しての集まりやディベーイン襲撃事件に対する抗議を、民主化組織と少数民族組織が連帯し「在日ビルマ人」として活動を展開している。二〇一三年四月のアウンサンスーチー訪日時の受け入れ体制が、その象徴である点はすでに述べた通りである。これらの活動は、エスニシティを超えた連帯が構築された二〇〇〇年代後半以降に見られる新しい動きの延長線上にある。

さらに、二〇一五年以降には、「非政治」活動を目的とした組織結成の動きが確認できる。「民政移管」前には、政治活動などで頻繁に顔を合わせていた定住ビルマ人であるが、近年は政治活動が沈静化したこともあり、顔を合わす頻度が低くなっている。多くの定住ビルマ人が在留資格を得ているとはいえ、より安定した在留資格への変更や日本国籍の取得方法、労働環境や子どもの教育など、日本の生活を送る上でさまざまな課題に直面する。以前であれば政治活動の場でこれらの問題を相談することが可能であったが、近年はその機会が減ってきている。定住ビルマ人が気軽に相談できる組織が必要であるとの認識が高まり、かつての政治活動リーダーたちが中心となって組織化への動きがある。このように、単に戦略的な政治活動のためだけに連帯しているのではなく、民族グループにかかわらず、日本で暮らしているビルマ出身者を対象とした相互扶助の動きがある。これもエスニシティを超えた連帯が生み出した定住ビルマ人特有の動きである。

二　統計からみる定住ビルマ人の選択

移住者が、移住先での暮らしを継続するか、出身地に戻るか、定期的に往来する生活を営むのか、または第三国に移るのか、そして、どの時点でこれらの行動を実行するのか等の選択をするには、さまざまな要因に影響される。特に、出身国との公的なつながりを断って移住先で生活をしている難民の場合、その選択は限定的であり、また、その時々の関連諸国の政情等に左右される。たとえば、アメリカに暮らすベトナム難民は、ベトナム政府からの帰国奨励に対して、帰国後の安全に不安を抱き、当初は帰国しない選択をしていた。その後、自国の変化を見届けるため一時帰国をする人は増大したが、生活の拠点はアメリカにおいたままの人が多い[12]。日本定住ビルマ人の場合はどうなのか。前節で述べたように「民政移管」後のビルマでは、新たな難民が生まれている。また、帰国者を受け入れる労働市場が発達しておらず、今しばらくは海外送金が不可欠であると政府も認めている。この間の日本のメディア報道では、帰国したいが、簡単には帰国できない複雑な立場の定住ビルマ人が紹介されている[13]。以下では、日本における在留資格のなかでも、「永住者」資格と日本国籍の取得状況から定住ビルマ人の今後の日本滞在の可能性を考察する。

「永住者」資格とは、第一章で述べたとおり、日本に在留するための資格の一種である。継続的な日本滞在、経済的な自立など、日本に生活基盤をもつ外国人が申請できる在留資格のなかでももっとも安定した在留資格である。一方、日本国籍を取得するということは、新たに日本の戸籍が作られ、公的に「日本人」になることを意味する。選挙権や被選挙権など日本人と同じ権利を享受できる。日本国籍の取得について、かつての宗主国の国民になるという特別な意味をもつ在日コリアンには、さまざまな捉え方があると序章で確認したが、それらのケースとは異なり、ニューカマーが日本国籍を取得するとすれば、それは安定的な生活のための方策といえる。たとえば、日本に定住するベトナム難民は、日本国籍取得の理由について、「子どものため」「将来の生活のため」「差別されないため」、そして何より「自由に海外旅行できるから」など実利面を重視する傾向にある[14]。出身国の政治経済状況が安定せず、日本滞在が長期化しているという共通点から、定住ビルマ人の日本国籍取得傾向は、これに近いものとなるであろう。「永住者」資格を取得するには最低一〇年の滞在期間が要件であるが、難民認定され継続して日本に居住している場合や「定住者」資格を継続して有している場合には、五年で申請可能となる。

また、日本国籍は滞在五年が経過していることなどの諸要件を満たせば申請できる。「永住者」資格と比べて、日本国籍取得には要求される書類の種類が多く、審査にも時間がかかるとされる。審査基準はいずれも明文化されておらず、法務大臣の裁量に任されているため実情は不明である。

筆者は二〇一三年以降も定住ビルマ人への聞き取り調査を継続しているが、子どもがいるインフォーマントとの会話では、「永住者」資格および日本国籍がよく話題に上るようになった。二〇〇〇年代には、両者の存在を認識していても、その違いを正確に把握している人は少なく、逆に筆者に対して、両者の違いや、それぞれのメリット・デメリットについて尋ねられる場合が複数回あった。家族をビルマ本国に残しているインフォーマントは、帰国できても生活再建への不安が強く、できることなら家族を呼び寄せて日本で暮らしたいという意向をもつ人が多かった。また、現実的な問題として、帰国するよりも日本滞在を継続し家族に仕送りをする生活を続けなければ、子どもの養育費などが捻出できなくなると判断し、現在取得している「定住者」資格よりもさらに安定した地位を望む声もあった。ただし、何れの場合も、具体的にどうしたいのか、つまり国籍はそのままで「永住者」資格を得たいのか、新たに日本国籍を得たいのかという点について明確な意思表示をした人は少なく、この点についてどうすればよいのかと逆に尋ねられることが多かった。

ところが、二〇一〇年代になると、「永住者」資格、または、日本国籍の取得を明確に望む定住ビルマ人が増えた。その多くが、二〇〇〇年代中盤以降に在留資格を得た定住ビルマ人である。すでに述べたとおり、二〇〇〇年代、ビルマ出身者への難民庇護が増大し、結果的に、多くが「定住者」または「特定活動」の在留資格を得た。「定住者」資格を五年以上継続て保有し[15]、独立して生計を営むことのできる資産または技能を有するなどの要件を満たせば、「永住者」資格への変更が可能である。入管法上、難民認定されれば要件が一部緩和される。特定活動資格を得た場合は、最短で三年後に「定住者」資格へ変更できる。つまり、難民認定され「定住者」資格を取得してから、最短五年、「人道配慮」による在留特別許可で「特定活動」資格を得てからは、最短八年で、「永住者」資格を得ることが可能である。定住ビルマ人の在留資格に詳しい行政書士によれば、多くの定住ビルマ人は、非正規雇用ながらも真面目に仕事に取り組む人が多く、納税証明書等から、独立生計要件を満たしていると判断される人が多いという(16)。したがって、二〇一六年八月時点には、この条件に当てはまる定住ビルマ人の多くが「永住者」資格の取得を望んでおり、すでに手続き中の人も相当数いるという。

なかには同胞の多くが日本国籍の取得を望み、その準備段階、または、すでに手続き中であるという少数民族グループのインフォーマントもいた。ビルマの少数民族グループにとって、ビルマ国民であることによって得られる権利は限定的であり、ビルマ政府が自分たちを守ってくれるわけではないという理由から、可能であれば日本国籍を取得したいと考える同胞がいるのだと説明してくれた。日本での生活がある程度安定し、二世が生まれている少数民族グループの家族にとっては、可能であれば日本国籍を取得したいという気持ちになるのは、ある意味において当然のことかもしれない。また、この動きは少数民族グループに限ったものではない。前節で述べたとおり、「民政移管」後のビルマへの帰国を阻んでいるのは、これまでの政治のあり方、民意を十分に汲み上げない体制への定住ビルマ人の不満が募った結果であるともいえる。日本国籍取得の手続きを進めている定住ビルマ人の実数を把握することはできないが、この動きからも定住ビルマ人がこの先も日本で暮らしていくことを選択していると捉えることができよう。

第一章で確認したように、「永住者」資格を有する定住ビルマ人は増加している。「永住者」資格取得者の変更前の在留資格は公表されないため、正確な数字は不明であるが、難民認定制度を利用し、「定住者」、または、特定活動の在留資格を得て、最終的に「永住者」資格に変更した人がかなりの数含まれると推測できる。家族を形成し、二世が生まれている定住ビルマ人に「永住者」資格を取得する割合が高いことは容易に想像できる。人数は少ないが「永住者」の増加に並行して「永住者の配偶者等」も増加傾向にあり、同様に定住傾向が強いことを証明する。

「日本人の配偶者等」は一九九〇年代後半に増加し、二〇〇〇年代に入っても微増したが、二〇〇七年をピークに減少している。この減少要因については十分な調査ができていないが、「日本人の配偶者等」で滞在していた定住ビルマ人が、起業したり、正規雇用された結果、独自に在留資格を得たケースや、諸事情により婚姻関係を解消したケースが含まれるのではないかと思われる。定住ビルマ人の日本国籍取得についてはのちほど詳細に分析するが、「日本人の配偶者等」の「日本人」には、日本国籍を取得した定住ビルマ人が含まれる点も押さえておきたい。つまり、書類上は日本国籍とビルマ国籍との国際結婚であるが、実際は同胞間の結婚であるケースが一部含まれているとも推測できる。ただし、詳細情報は公開されていないため正確な人数は確認できない。

日本国籍の取得者数は、出身国地域が「韓国・朝鮮」および「中国」の場合のみ実数が把握でき、それ以外は「その他」として一括されている。そのため、ビルマおよびインドシナ出身者について個別に問いあわせ、一九九八～二〇一六年の取得数を確認した[17]（表9）。人数以外の詳細情報は得られなかったが、業務担当者の感覚としては、ビルマ、ベトナム、ラオス、カンボジア出身者で日本国籍を取得している人のうち、難民認定を受けている人と、受けていない人はおおよそ半々くらいではないかとのことであった。また、実際の運用がどうなっているのかは不明であるが、非合法な経路で入国していても、諸事情を加味して取得できた場合もこれまでにあったという。

一九九八年から二〇一六年にかけて、ビルマ出身の日本国籍取得者は、合計三九六名、年平均二一名となっている。人数自体は少ないが、そもそも同時期の「韓国・朝鮮」および「中国」以外の取得者数が、年平均一二一〇名にとどまっており、日本国籍を取得する外国人が多いとはいえない。そのような状況のなかで、二桁台とはいえ、安定的に取得者がいる定住ビルマ人の傾向は注目に値する。二〇〇二年から二〇一四年にかけて

表9　ビルマ・インドシナ出身の日本国籍取得者数

2016年末現在、単位：人

	ビルマ	ベトナム	カンボジア	ラオス
1998	1	19	9	7
1999	1	73	12	12
2000	1	65	17	2
2001	10	37	3	4
2002	7	52	25	4
2003	30	167	50	31
2004	25	192	54	8
2005	31	112	61	8
2006	38	125	48	15
2007	16	162	18	13
2008	41	179	43	17
2009	36	138	70	26
2010	32	192	45	25
2011	23	132	39	19
2012	42	86	26	21
2013	28	139	60	6
2014	13	142	34	5
2015	12	192	18	4
2016	9	218	40	14
計	396	2,422	672	241

法務省民事局提供資料

日本国籍を取得した外国人の元の国籍上位一〇か国を表した「原国籍別帰化許可者数[18]」においても、二〇〇五年九位、二〇〇六年八位、二〇〇八年九位、二〇〇九年一〇位、二〇一二年一〇位に位置し、存在感を放っている。定住ビルマ人の滞在の長期化が予想できるので、日本国籍を取得するビルマ出身者が増加する可能性は高く、その動きが既に見え始めている点については先に述べたとおりである。

さらにこの予想の裏付けとなるのがインドシナ難民の動向である。インドシナ難民は一九七九年前後から来日するようになり、定住歴が長い人では既に四〇年近くが経過している。一九九二年に実施されたインドシナ難民へのアンケート調査[19]では、回答者三八四名のうち七四・七％にあたる二八七名が今後も日本に住みたいと答えている。この希望者のうち、五〇％は日本国籍の取得を希望し、三五％は「永住者」資格の取得を希望し、二〇％はすでに日本国籍または「永住者」資格を取得している[20]。さらに、日本国籍と「永住者」資格の取得手続きの簡素化、日本出生児童への日本国籍付与を希望する声が多かったと報告されている。表9で確認できるように、いずれの国の出身者も増減を繰り返しているが、近年も一定数が日本国籍を取得している。年平均を算出すると、ベトナム一四九名、ラオス一八名、カンボジア四五名が日本国籍を取得している。取得の背景として、二世が直面する就職差別や三世の誕生などがある。経緯は異なるが、日本に定住しているインドシナ難民の日本国籍取得の傾向は、定住ビルマ人の将来を考察する際の参考になる。

以上のことから、定住ビルマ人が、インドシナ難民と同様に長期的な滞在を望み、そのために安定的な法的地位、つまり、「永住者」資格、または、日本国籍の取得を望んでいると捉えて問題ないだろう。特筆すべきは、すでに近年の「永住者」資格の取得者数が年間約一〇〇～一七〇名のペースで増加しており、日本国籍の取得においても、毎年一定数を維持しているという実績と、ある程度まとまった数の定住ビルマ人が積極的に準備を進めているという現状である。いずれについても申請状況は把握できないが、すでに急増している「永住者」資格の取得者は、ここしばらくかなりのペースで増加することになるだろう。申請条件が整っていない人や、長時間の勤務、週末の政治活動、育児などに時間を取られるなどの諸事情により、まだ具体的な準備に取り掛かっていない定住ビルマ人も多いと見積もることができる。書類の準備という点では、難民申請手続きを経て在留資格を得た定住ビルマ人のなかには、また最初から煩雑な手続きを経なければならないと考え、今しばらくは現状維持でよいと考える人もいる。しかし、その一方で、「特定活動」や「定住者」資格では次回更新時に却下されるかもしれないという不安を抱えている定住ビルマ人も多く、それを回避するために、より安定した「永住者」資格を望んでいるのは事実であり、いずれにしても、定住ビルマ人が滞在のさらなるの長期化に備え、法制度面において準備をしていることは間違いない。

三　アンケート結果からみる定住ビルマ人の選択

二〇〇一年に設立されたビルマ市民労働組合（ＦＷＵＢＣ：Federation of Workers' Union of the Burmese Citizens, Japan）は、日本の労働組合の支援を受けながら、定住ビルマ人が主導している労働組合である。そのＦＷＵＢＣではメンバーを対象に帰国に関するアンケート調査を二〇一二年から二〇一三年にかけて二度実施した。[21]一回目と二回目では対象者およびアンケート方法が異なるが、何れもビルマ「民政移管」後に実施された日本定住ビルマ人を対象としたアンケートである。本節の目的である定住ビルマ人の将来的な選択を把握するために有効なので、この二回分のアンケート調査結果を分析する。

第一回目のアンケート調査は、二〇一二年二～三月に実施され、その結果が二〇一二年四月のＦＷＵＢＣ年次総会で報告された。筆者が入手できたのは、帰国を望むか望まないかという問いに対する答えとその理由であった。ＦＷＵＢＣでは毎月第四日曜日に定例会議を開催しており、この調査は主にその会議の際に読み上げた質問に対して挙手をするという方法により実施された。それ以外には、電話、Ｅメール、スカイプの何れかの通信手段を利用したものもある。回答者数は一四八名で、全員が一〇年以上日本に滞在しているＦＷＵＢＣのメンバーである。あいにく本書で重視しているエスニシティについては詳細が不明であるが、回答者にはバマーが多いものの、アラカン民族を除くすべての主要民族グループが含まれていたという。これらの点を考慮すると、本アンケートの回答は定住ビルマ人の一般的な傾向を表しているといえよう。対象者は以下の六グループに分類されていた（表10）。

最大グループは（五）「既婚で子どもあり」の六五名で全体の約四四％を占め、以下、（四）「四〇歳以下の独身

表10　FWUBC第1回目アンケート対象者の属性

単位：人

	調査対象グループ	人数
(1)	40歳以上の独身女性	8
(2)	40歳以下の独身女性	16
(3)	40歳以上の独身男性	21
(4)	40歳以下の独身男性	26
(5)	既婚で子どもあり	65
(6)	既婚で子どもなし	12
	合計	148

男性」二六名、㈢「四〇歳以上の独身男性」二一名、㈡「四〇歳以下の独身女性」一六名、㈥「既婚で子どもなし」一二名、㈠「四〇歳以上の独身女性」八名の順となっている。第一章で考察した定住ビルマ人の中心層である四〇～五〇歳代の既婚者と重なる層が本アンケートの対象者となっている。

調査結果では、一四八名のうち約九二%にあたる一三六名が、仮にビルマが完全に民主化しても帰国を望まないと答えており、その理由がグループごとに集計されている。㈠㈢㈤㈥の四グループでは、自分はすでに年齢を重ねており、日本に家族がいるために、ビルマに戻って一から生活を始めることがかなり困難だと考えている。そのうち㈤の意見として、ビルマに帰国すると子どもたちの教育が中途半端になってしまうことへの懸念がある。属性による意見の違いを詳細に検討することはできないが、子どもの教育を懸念する以外にはこれら四つのグループの間には大きな違いはないといえる。四〇歳以下の独身の男女グループである㈡と㈣には、年齢を理由に帰国しないとする回答はみられない。

それ以外の理由としてすべてのグループに共通しているのは、ビルマで起きている「変化」は表面的なもので、軍事政権期から引き続いて軍人が国家を運営している状況では、経済や生活基準が短期間に改善するとは思えないという回答である。また特に理由は述べずに、日本の暮らしを継続したいとの答えも多かった。逆に帰国を望むと答えた一二名は、今すぐではなく将来的な話である点を強調しており、可能なら一時帰国を実現させたいと願っている。ビルマ「民政移管」後も、九割以上が帰らない

表11　FWUBC第2回目アンケート対象者の属性

単位：人

性別	男性31、女性19
年齢層	20～25歳6、25～30歳5、31～35歳11、36～40歳7、41～45歳7、46～50歳4、51～55歳6、56～60歳3、61～65歳1
滞在年数	5年未満21、5～10年12、11～15年6、16～20年6、21～25年5
婚姻状況	既婚25、未婚21、死別1、離婚3

FWUBC提供資料をもとに筆者作成

という選択をしているというこの調査結果は、定住ビルマ人の将来動向を予測するためにも重要なデータになる。

つぎに、二回目のアンケート結果を分析したい。このアンケートの対象者は一回目と同様にＦＷＵＢＣメンバーで、対象者数は五〇名であった。第一回目アンケートの約一年後である二〇一三年二月一七日に実施された。こちらもＦＷＵＢＣのメンバーを対象に定例会議の際に実施された。前回と同様に本書で重視しているエスニシティについて詳細は不明であるが、第一回目と同様に複数の民族が回答者に含まれていた点を考慮して定住ビルマ人の一般的な傾向とみなすことができよう。

一回目と異なり二回目の調査ではサーベイシートを作成し、該当する項目に印を付ける方式となっている[22]。質問項目は、「性別」、「年齢層」、「滞在年数」、「在留資格」、「婚姻状況」、「家族数」、「年金」、「健康保険」、「就労状況」、「希望滞在年」の計一〇項目である。対象者の属性は以下のとおりである（表11）。

五〇名のうち男性は三一名、女性は一九名で、年齢層は、二〇歳から六五歳までが五歳ごとに区切られている。もっとも多いのは三一～三五歳のカテゴリーで、全体の約二割にあたる一一名である。続いて三六～四〇歳と四一～四五歳のカテゴリーがそれぞれ七名となり、この三カテゴリーで全体の半数を占めている。滞在年数は、五年未満から最長二五年までが五年ごとに区切られている。もっとも多いのは五年未満で二一名である。続いて五～一〇年の滞在が一二名で、これら二つをあわせると約六七％に上る。次に婚姻状況と家族数であるが、婚姻状況は既婚者が二五名でちょうど半数を占め、次いで未婚が二一名となっている。

表12　FWUBC 第2回目アンケートの結果　　単位：人

質問項目	回答項目
在留資格	永住 2、仮滞在 14、仮放免 8、定住 12、特定活動 14
家族数	1名 22、2名 13、3名 8、4名 2、5名 4、6名 1
年金	あり 6、なし 46
健康保険	国保 26、社保 6、あり 1、なし 17
就労状況	よい 4、普通 36、悪い 8、無職 1、無回答 1
希望滞在年	1～5年 7、5～10年 4、11～15年 2、終生 37

FWUBC 提供資料をもとに筆者作成

家族数は、単身が半数近くの二二名であり、二名が一三名、三名が八名と続いている。ここまでをまとめると、アンケート調査対象者の中心層は、三六～四〇歳にかけての男性で、滞在歴が一〇年未満となっている。第一章で考察した定住ビルマ人の中心層よりは、滞在年数が短く若い世代が本アンケートの対象者の中心となっている。アンケートの結果は以下のとおりである（表12）。

以下では、在留資格、希望滞在年、年金および健康保険の加入状況、就労状況を個別に分析する。まず在留資格であるが、ここでは「永住者」、「定住者」、「特定活動」、「仮滞在」、「仮放免」の五つのカテゴリーが提示されている。「永住者」資格を除き、すべてが日本の難民認定制度への申請の結果として付与されるが、五〇名のうち四八名がこの何れかの資格を保有している。なかでも仮滞在と特定活動が一四名ずつでもっとも多く、この二つで半数を超えている。前者は難民申請中、後者は難民とは認められなかったが在留を許可された状態を表す。いずれにしても、日本で長期的に滞在するために必要な在留資格を取得しているか、または手続き中であることがわかる。また「永住者」資格の二名も資格変更前には、難民認定制度を利用し、「定住者」資格を得たのちに「永住者」資格に切り替えた可能性が高い。今回のＦＷＵＢＣのアンケートでは、この「永住者」資格を取得したのはわずか二名であったが、既に述べたとおり、これは日本滞在を長期的なものと見越しての動きであり、今後も増加する可能性が高い。

健康保険への加入は全体の六六％となっている。健康保険加入者のうち、約八割の二六名が国民健康保険、約二割の六名が社会保険、残り一名も詳細は不明だが保険に加入している。この加入状況は、ほとんどが非正規雇用のFWUBCメンバーが、日本での生活に最低限必要なものとして、高い医療費をカバーする健康保険の加入を優先している結果と捉えることができる。難民申請者のうち、「仮放免」の場合は対象外だが、「仮滞在」の場合には国民健康保険に加入できる。認定または在留が許可されれば就労可能となり、運がよければ雇用先の社会保険に加入、社会保険への加入はかなわなくても、定期的な収入を得ることにより、国民健康保険への加入が可能になる。特に、子どもがいる場合は、病気やけがなどにより医療機関を利用せざるを得ない状況が増え、健康保険は不可欠であるが、諸事情により加入できなければ全額負担となる。多くの定住ビルマ人が非正規雇用されていることから国民健康保険への加入が一般的であるが、FWUBCメンバーの約二割は社会保険に加入しており、非正規雇用であっても雇用状態は安定的であると評価できる。詳細が不明な一名については国保、社保のいずれでもなく、外国籍住民を対象に互助制度を設けている医療機関の保険に加入している可能性が高い[23]。

次に、年金加入者であるが、こちらは全体の一二%となっている。先の健康保険には七割弱が加入しているのに比べ年金加入率はかなり低い。二〇一〇年度の外国籍住民全体の年金加入率は八五・三%、未加入者率は一四・七%であり[24]、それと比較してFWUBCメンバーの年金加入率は低い。加入率が低い要因として、ビルマの状況がよくなればすぐ帰国したいと願いながらその機会を待っていたが、結局、状況は改善せず滞在だけが長期化してしまったという多くの定住ビルマ人に共通する経験が挙げられる。またビルマではまだ整備されていない年金制度の存在自体を知らなかった定住ビルマ人も少なくない。たとえその情報を得ていたとしても、多くが二〇～三〇歳代で来日した定住ビルマ人にとって、具体的な将来の計画を立てることは容易ではない。ましてや老後に日本で暮らしている自分の姿を想像することはできず、年金に加入しないままに今日にいたっているのも納得のいく話である。

就労状況については、「よい」、「普通」、「悪い」、「無職」の何れかを選択する方式になっている。結果は、「普通」がもっとも多く七二％、次いで「悪い」が一六％、「よい」が八％、「無職」二％と続く。「よい」と「普通」をあわせると約八割になり、下層サービス業に集中している東南アジア出身者の就労状況[25]のなかでは、定住ビルマ人は耐えうる労働環境にあるとみてよい。感覚的な意見が反映された調査結果ではあるが、就労状況が今後も日本に暮らしたいと考える大きな要因になっている。つまり、特に優れた雇用条件ではないが、何とか暮らせるだけの収入があり、現在の就労状況を継続することが堪え難いものではないためビルマに帰らない選択ができるのである。

滞在希望年でもっとも多かったのは、「生涯」を日本で暮らしたいと答えた人で、全体の約四分の三にあたる三七名にのぼった。次に多いのは「一～五年」の七名、続いて「五～一〇年」の四名、「一一～一五年」の二名であった。このアンケート調査が実施された二〇一三年二月はビルマの「民政移管」から二年近くが経過しており、既に帰国した仲間からの消息が話題になった時期である。その状況においても、なお四分の三相当のメンバーが帰国を望まず、生涯を日本で暮らしたいと回答している点は注目に値する。ただし、この帰国を望まない定住ビルマ人の割合は、一回目のアンケートの約九二％から、二回目では約七五％に減少している。一回目のアンケートの回答者の中心層が四〇～五〇代であったのに対して、二回目ではそれよりも若い単身者層がたくさん含まれている。日本生まれの子どもがいる確立の高い四〇～五〇歳代より、単身で滞在している若年層が帰国を希望する傾向が強いのは当然であるが、この調査からは、若年層の独身者であっても将来的に日本で暮らしたいと考えている人が一定数存在していることがわかる。このような考えをもつ定住ビルマ人が、今後の長期的な滞在を視野に入れ、難民制度を利用し、安定した法的資格を入手している。そして、これらの選択を可能にしているのが就労状況への一定程度の評価、および社会保障の利用である。以上のことから二〇一三年のアンケート結果をまとめると、二〇一二年の調査と同様に定住ビルマ人は帰国しないという選択をしていると結論付けることができる。

次に、前節のビルマ情勢を参考にしながら、上記二つのアンケート結果を日本とビルマ双方から考察する。既に確認したとおり、ビルマの「民政移管」後にも難民が流出し、安全な生活が確保できない可能性が高いなど、定住ビルマ人が望んでいる安全で平和な環境がまだ整っていない地域がある。民族州出身者のなかには、住む家を失っている人や、家族や親戚が国境の難民キャンプや欧米諸国などへ離散してしまっている人がいる。このように文字通り帰る家がなかったり、家族や親族が残っていない等の現実的な問題が要因となり、定住ビルマ人は帰国できないのである。

また、労働市場の未発達、そして在外ビルマ出身者からの送金が引き続き必要とされている点も見逃せない。つまり、「民政移管」後のビルマでは、海外投資を推進するための環境は整備されつつあるが、それが定住ビルマ人を含む一般市民に十分な雇用機会を生み出すまでには至っていないのである。すでに四〇〜五〇歳代になった定住ビルマ人は、帰国しても、これまで日本で築いてきた暮らし、すなわち質素ながらも何とか維持しうる生活と同等のものを得られる保障はないと判断している。

日本側の要因であるが、二つのアンケートにおいて日本の暮らしを継続したいとの回答が多数ある。すでに人生の半分以上を日本で暮らした定住ビルマ人にとって、日本は少なくとも生活基盤を築く場として受け入れられているといえる。これは、ビルマにおける日常生活と比べ、安全で言論の自由が保障されている日本の生活環境に、長期にわたり何とか暮らしを営むことができたという実績が加味され、総合的に判断された結果である。公共の場で定住ビルマ人への聞き取り調査を実施した際に、自由に自国政府の批判や自分の意見を述べることのできる日本の環境に価値を見出している人は少なくなかった。特にインフォーマントの多くが出国した一九八〇〜

二〇〇〇年代のビルマには、言論の自由はなかったとの意見を複数回耳にした。しかし、難民申請中であったり、在留資格を得ていても、政治活動にかかわっていないビルマ出身者が集う場においては、発言内容に注意し、周囲を窺い、声を潜める定住ビルマ人の姿も複数回遭遇した。何れにせよ、来日前には常時監視下におかれていた多くの定住ビルマ人にとって、在留資格の問題がクリアできていれば安心して暮らせる場として日本が受け入れられているのは間違いない。

さらに、生活の基盤となる就労状況が何とか耐えうるものであり、病気や怪我に備えた健康保険制度も利用できるなど、最低限の社会保障を得た現在の生活環境を定住ビルマ人が受け入れている結果といえる[26]。また、すでに学齢期に達している日本生まれの二世の存在も無視できない。一回目のアンケートでは、教育が中途半端になるために帰国したくないという選択がなされているが、そこには日本の教育内容や制度に慣れている二世の教育を途中で断念させたくないという親心がうかがえる。ビルマ語を習得している定住ビルマ人二世は少なく、日本語しかできない二世を伴って帰国することになれば、まず言語面で大きなハンディを追うのは目に見えている。これは、特に学齢期の子どもをもつ定住ビルマ人家族にとっては、ビルマ本国の政治経済状況というよりも、帰国しない選択の決定的要因となっている。

四　定住ビルマ人の将来に関する考察

最後に定住ビルマ人の将来に目を向けたい。二〇一一年秋のビルマ「民政移管」後にも、定住ビルマ人社会に大きな変化、つまり、多くが帰国し、コミュニティが消滅するという動きはみられない。それどころか、国際社会の注目とは裏腹に、定住ビルマ人は自国の「変化」を肯定的に受け止めつつもかなり冷静である。「明日にでも帰れるのではないか」と期待する声がある一方で、「早くても数十年はかかるだろう」という慎重な意見までかなりばらつきもある。軍事政権期と本質が変わっていないことを理由に、民主化の前進と捉えるには時期尚早だと考え、この間の制度改革、そしてその運用の信憑性を確認するまでは待つべきだとの意見が多い。なによりも、すでに述べたとおり、労働市場の未発達のために帰国しても働く場所がなく、生活基盤を築けないことが日本滞在を継続させる大きな要因となっている。ただし、これらの諸事情により簡単に帰れない人がたくさんいる一方で、一時的に帰国したり、なかには日本での生活を完全に終止符を打ち、生活拠点をビルマに移した人もいる。[27]

日本生まれで日本語しか話せない子どもを持つ家族においても、簡単に帰国を選択できない状況が見受けられる。常に帰国を望みつつも、時間的制約などにより、子どもにビルマ語や各民族語の教育を徹底できなかった定住ビルマ人は少なくない。すでに学齢期に達している子どもが、この先も日本で暮らしていくことを希望するのは当然であるが、その結果、帰るなら家族一緒にと考える親と、子どもが残るならば自分も残ると考える親との間に温度差もみうけられる。

そのうえ、無国籍という新たな問題が浮上している。血統主義を取る日本では、定住ビルマ人が日本で出産した場合、自動的に日本国籍が付与されるわけではないため、ビルマ大使館への届け出がなければ、国籍のない状態になる。難民申請を通して反政府の立場を表明した定住ビルマ人は、大使館との接触を避けるため、必然的にその子どもは事実上の無国籍状態となる。また、難民申請をした本人であっても、ビルマ国民としての権利を享受できないという意味で、事実上の無国籍状態にある。とはいえ、代わりに日本の国籍を取得すればすむという単純な話ではない。すでに述べたとおり、難民認定された定住ビルマ人が日本国籍を取得した例がないわけではないが、日本国籍の取得を望んでも、非合法な入国や超過滞在歴があると申請が受理されないのが一般的である。そのうえ将来的にビルマへ帰りたいと考える定住ビルマ人にとっては、日本と同じく二重国籍を禁じているビルマ国籍を返上してまで日本国籍を取得する意義が見出せない人もいる。また、祖国ビルマや長年維持しているパスポートへの愛着があることから、簡単に国籍を変更したくないと考える人もおり、これらの人も事実上の無国籍状態にある。

日本で生きていく選択をした定住ビルマ人は、この先どのような意識をもちうるのだろうか。本書では、定住ビルマ人のなかでも少数民族グループの意識の変容について、第三章および第四章で分析した。その結果、来日前には「ビルマ人」意識が希薄であったが、来日後のさまざまな要因により、「ビルマ少数民族」、「在日ビルマ人」という意識が認識されるようになった点を指摘した。四半世紀の日本滞在経験を通してエスニシティを超えた連帯を構築してきたビルマの少数民族グループとバマーは、この先も「在日ビルマ人」として連帯を継続する可能性が高い。すでに前章で確認したように、政治活動グループのリーダーが中心となり、すべてのビルマ出身者を対象とした、相互扶助を目的とした組織を結成する動きがみられる。当然のことであるが、この「在日ビルマ人」という認識は、ビルマ出身者が日本に定住したことによって育まれたものであり、定住ビルマ人は今後も日本滞在を継続する可能性が高いことから、重視すべき結果である。それと同時に、ビルマでは対立的な立場に置かれていた少数民族グループとバマーが、来日後に構築したエスニシティを超えた連帯が生み出したという観点からも注目に値する。

そのうえで、本書では、将来的には、新たに「ビルマ系日本人」という捉え方が生まれてくるであろうことを提唱する。それは、上記の「在日ビルマ人」のなかに、ビルマとつながりつつ、日本との間にも、単に生活の場であるという以上のつながりを有している人びとが含まれるからである。具体的には、日本国籍を取得し法制度上「日本人」になった人、自分の人生の半分以上を日本で過ごし、今後も日本に生活基盤をおこうと考える一世、自分自身のことを日本人と捉えている二世などが挙げられる。

例えば、ビルマ国籍で日本の「永住者」資格を有しているYさん[28]は、留学生として来日し、日本で学業を終えれば帰国する予定であったが、日本で就職し、日本生まれの子どもを養育している。自らの意思で選択し、日本で生活基盤を築くという当初の予定とは異なる人生を歩んでいる。家庭内の共通言語は日本語で、子どもは日本の学校に通っている。配偶者と子どもは日本国籍を有しているが、Yさん自身は国籍を変更しておらず、今のところ日本国籍を取得する気持ちはない。国籍に強いこだわりがある訳ではないが、長年保有しているパスポートに愛着があり、変更したいと思わないのだという。そのYさんは、「日本に長い間住んでいるから日本人になってしまった」と感じている。家族や親しい同僚からもそのように言われることもあり、すでに自分の人生の半分以上を日本で過ごしていることから、日本人であると言われることに違和感もない。さらに、日本を第二の祖国だと捉えているが、周りの日本人はその点を理解してくれず、それの点に不満がある。職場では、外国人だからという理由で、日本のことや業務内容について十分に理解していないと思われている点に不満がある。つまり、日本国籍未取得であっても、その滞在期間の長さや社会との関係性などから、日本人であるというアイデンティティが芽生えてきているのである。

また、Zさんは、ビルマ国籍で日本の「定住者」資格を有しているが、諸条件が整い次第、日本国籍を取得したいと考えている[29]。来日のきっかけは、改善しない祖国ビルマの政治状況、特に不十分な教育環境に対する不満が募り、留学を考えるようになったことである。その後、日本語を学ぶ機会を得て来日したが、来日当初から、将来は日本に生活基盤を置き、日本国籍を取りたいと考えていた。来日後に知り合った配偶者との間に子どもが生まれてその思いが強くなったという。その根底には、子どもをビルマ国籍保有者にしたくないという強い思い、逆に日本生まれの子どもを日本国籍保有者にし、日本の学校に通わせたいとの思いがある。完璧な日本語話者でなければいじめの対象となると考え、家庭内言語は日本語のみである。子どもにはビルマの文化全般に関心をもってもらいたいとの願いはあるが、水かけ祭り等のイベントを体験させる以外は、無理強いしていない。Ｚさんは、子どもが一般的な日本の子どものように考え、行動し、子ども自身も日本人としてのアイデンティティを有していると判断しており、そのような子どもを日本で育てている親として自身を誇らしく思っている。ビルマ政府に対する不満があり、来日後、積極的に反政府運動に参加していたＺさんは、当初より日本国籍取得を希望し、日本社会に積極的に歩み寄っている。ただし、子どもをビルマ国籍保有者にしたくないとはいえ、可能であればビルマについて関心を持ってもらいたいと考えており、祖国に対する愛着も見いだせる。近い将来には日本国籍を取得するであろうＺさんは、出身国であるビルマとつながりをもちつつも、新たに獲得する「日本人」である自分を強く意識しながら日本で生活を送っていくことが想定される。Ｚさん自身が名乗るか否かは不明であるが、少なくともＺさんのような立場の人を「ビルマ系日本人」と名付けることは可能ではないだろうか。

しかし、現在の日本では、複数のアイデンティティを有する人を受け入れる土壌が十分に育っているとは言い難く、これらの人を外国人と捉えるのが一般的で、本書で着目している「〇〇系日本人」という捉え方は一般的ではない。本章で述べてきたように、将来的には、ビルマと日本の双方につながりをもつ人が増えてくることは明らかである。ＹさんやＺさんに代表されるように、出身地ビルマと現在の居住地である日本とのつながりを認識している定住ビルマ人を「ビルマ系日本人」と捉えることはそんなに突飛なことではないだろう。

すでに確認したように、受け入れ国日本によるビルマ出身者への「ビルマ人」という「名づけ」に対して、来日当初は、〇〇民族という意識しか持ち合わせていなかったビルマ出身の少数民族グループの意識とは齟齬があった。ところが、その後の長期にわたる日本滞在のなかで、組織活動の連帯を経験し、「ビルマ人」としての「名乗り」をみせるようになった点も確認した。さらに、近い将来「ビルマ系日本人」というカテゴリーに当てはまる人が誕生する可能性についても述べた。第一章で参考にした日系アメリカ人になぞらえれば、日本社会側からの「名づけ」と、当事者自らの「名乗り」が相互に影響しながら、徐々に「ビルマ系日本人」という新たな意識を有する人が誕生すると捉えることができる。とはいえ、仮に第三者がこれらの人びとを「ビルマ系日本人」と名付けても、当事者の名乗りについては未知数である。今後は「ビルマ人」というアイデンティティを維持しながら、生活基盤を日本においているという現実的な観点に基づき「日本人」であるという意識を定着させていくこともありうるだろう。言い換えれば、これもまた「歴史的状況の変化に対応して常に更新されていく、人々のよりよい生き方の追求の過程[30]」の一環として捉えることができるのである。今後は、どのような特徴を持つ人が「ビルマ系日本人」と意識するのか、誰が、どのような立場で、何を契機として「ビルマ系日本人」と名乗るのかなどを、ある程度まとまった期間について考察していく作業が必要である。

五　小結

本章では、ビルマの「民政移管」の現状をふまえたうえで、「永住者」資格および国籍の取得に関する統計、定住ビルマ人当事者が実施した二つのアンケート調査結果、定住ビルマ人のアイデンティティのあり方から、日本定住ビルマ人の選択を考察した。そのうえで、「ビルマ系日本人」が誕生する可能性をのべた。

「永住者」資格および日本国籍の取得状況の統計からは、日本定住ビルマ人の「永住者資格」取得者数が急増している点、また、日本国籍取得者数は多くはないが、今後継続的に推移するであろう点を指摘した。そのうえで、定住ビルマ人にとって、本国ビルマの「民政移管」はまだ始まったばかりであり、帰国を促す条件が整っていないものと映っている点、将来的にも日本定住を望み、より安定した法的地位を得ていこうとしている点を分析した。定住ビルマ人を対象に実施されたアンケート調査の結果から、ビルマに帰国したのちの生活を再建することが困難であると判断し、その反面、日本では、四半世紀の間に居場所を確保しており、決して満足できるものではないが生活に安定性がある点を指摘した。その結果として、定住ビルマ人は帰国しない選択をしているのである。定住ビルマ人の意識の変容を振り返り、「在日ビルマ人」として生きていくと捉えるのが自然であり、将来的にはビルマと日本につながりをもつ「ビルマ系日本人」という新たな捉え方が生まれる可能性があると結論付けた。

注

（1）『日本経済新聞』二〇一二年九月一日夕刊「インフラ投資　官民で拡大」。

（2）根本敬『アウンサンスーチーのビルマ——民主化と国民和解への道』岩波書店、二〇一五年、一六三—一六六頁。

（3）箱田徹「最近のビルマ情勢に浮かぶ複数の「フロンティア」」ヒューライツ大阪『国際人権ひろば』一〇五、二〇一二年、一二—一三頁。

（4）秋元由紀／ビルマ情報ネットワーク「〈ミャンマー〉北部で戦闘続く　中国利権が関与（二〇一一年七月四日）」『アジアプレス・ネットワークホームページ』http://www.asiapress.org/apn/archives/2011/07/04102744.php、二〇一三年五月二〇日閲覧。

（5）ヒューマン・ライツ・ウォッチ「ビルマ——アラカン州の全住民に自由の保障を（二〇一六年三月三〇日）」。『ヒューマン・ライツ・ウォッチホームページ』https://www.hrw.org/ja/news/2016/03/30/288411、二〇一八年一月九日閲覧。

（6）秋元由紀「ビルマ——新政府発足と民主化の行方」特定非営利活動法人ＡＰＬＡ『ハリーナ』〇二（一七）、二〇一二年、九頁。

（7）国連難民高等弁務官事務所発表の二〇一七年四月三〇日現在のビルマ・タイ国境にある難民数、https://www.unhcr.or.th/en、二〇一七年六月二日閲覧。

（8）Saw Yan Naing/The Irrawaddy, "Most Burmese Refugees in Thailand Don't Want Return: Survey", 2013/10/01, Irrawaddy-Homepage, http://www.irrawaddy.org/refugees/burmese-refugees-thailand-dont-want-return-survey.html、二〇一三月一〇月二日閲覧。

（9）Saw Yan Naing/The Irrawaddy, "Commentary: Still Too Early For Burmese Refugee Retuerm", 2016/08/04, Irrawaddy-Homepage,

（10）山田美和「アウンサンスーチーのマハーチャイ訪問が意味すること——ミャンマーの発展と移民労働者問題」『アジ研ワールド・トレンド』二〇三、二〇一二年、三六—四〇頁。

（11）「成長戦略会議華僑と越僑がそれぞれの出身国に与えた影響を協議」The People's Age、二〇一二年一一—九四号。

(12) 古屋博子『アメリカのベトナム人　祖国との絆とベトナム政府の政策転換』明石書店、二〇〇九年。
(13)『毎日新聞』二〇一三年五月二〇日夕刊「揺れる思い:在日ミャンマー人/上　帰国後再入国に壁」。『NHK ONLINE』二〇一三年四月一五日「おはよう日本特集まるごと　スー・チー氏来日　在日ミャンマー人祖国への思い」http://www.nhk.or.jp/ohayou/marugoto/2013/04/0415.html(二〇一三年五月二〇日閲覧)
(14) 川上郁夫、二〇〇五年、一九一—一九三頁。
(15) 原則として引き続き一〇年以上日本に在留していることが求められるが、難民認定されていれば、認定後五年以上継続して日本に在留していることが、また、「定住者」資格で五年以上継続して在留していることが要件となる。
(16) 二〇一六年八月一六日、定住ビルマ人の在留資格に詳しい行政書士の熊澤新氏への電話による聞き取り調査より。
(17) 二〇一三年三月二五日、定住ビルマ人に関する情報を入手したい旨を法務省あてに申し入れたところ、二〇〇二〜二〇一三年四月四日に民事局民事第一課国籍一係より返答があった。電話口で最近の傾向を簡単に説明してもらい、二〇〇二〜二〇一二年にかけての国籍取得者数をEメールで送ってもらった。昨今の申請および許可の傾向などを聞き取るため面会を申し込んだが、国籍別の統計をとっていないため正確なデータが提示できないこと、事務が煩雑であるため対応できないことを理由に却下された。現在のところ、必要ないと考えているため詳細な統計をとっていないとの説明であった。一九九八〜二〇〇一年、二〇一三〜二〇一六年についても、同省に問い合わせた。
(18) 李洙任「コリア系日本人の再定義「帰化」制度の歴史的課題」駒井洋監修、佐々木てる編著『マルチ・エスニック・ジャパニーズ　〇〇系日本人の変革力』明石書店、二〇一六年、一一二—一一五頁。
(19) 財団法人アジア福祉教育財団難民事業本部『インドシナ難民の定住状況調査報告』一九九三年。
(20) 回答項目が、「帰化希望」「帰化済」「永住権希望」「永住権取得済」「今のままでよい」「不明・非該当」となっており、一部回答が重複するため、合計が一〇〇%を超えている。
(21) 二〇一一年のビルマ「民政移管」後にどの程度の定住ビルマ人が帰国を望んでいるのかを把握することを目的に実施された。
(22) 添付資料を参照。
(23) 神奈川県勤労者医療生活協同組合港町診療所。組合員になり毎月二〇〇〇円の保険料を払えば医療費の三割負担で受診できる。
(24) 厚生労働省「平成二二年公的年金加入状況等調査　結果の概要」『厚生労働省ホームページ』http://www.mhlw.go.jp/toukei/list/pdf/141-2_kekkagaiyo.pdf、二〇一三年五月七日閲覧
(25) 大曲由紀子ほか「在日外国人の仕事——二〇〇〇年国勢調査データの分析から」『茨城大学地域総合研究所年報』

四四、二〇一一年、二七―四二頁。

(26) ただし、突然の解雇や未払い、住宅の貸し渋りなどの差別的な経験をしたり、二〇〇〇年代には超過滞在者への取り締まりが厳しくなり、施設に収容された定住ビルマ人が少なくないこともあり、すべての当事者が満足しているというわけではない。また二〇一一年以降には新制度導入により外国人への管理が強化されるなど、外国人に対する日本の法制度や社会のあり方が大きく改善されているわけでもない。

(27)「ミャンマー難民来日二〇年「忘れえぬ祖国」永住帰国決断」『毎日新聞』二〇一五年一二月二六日、http://mainichi.jp/articles/20151226/k00/00e/030/230000c

(28) 二〇一六年八月二五日、東京都にて実施した聞き取り調査より。

(29) 二〇一七年二月二四日、東京都にて実施した聞き取り調査より。

(30) 古田元夫、一九九五年、五頁。

第六章　結論

本書では、日本定住ビルマ人の意識の変容を通し、「ビルマ系日本人」が誕生する可能性とそのエスニシティを明らかにすることを目的に、少数民族グループの来日前の経歴および来日後の組織活動に着目し、バマーとの間に育まれているエスニシティを超えた連帯を考察してきた。具体的には以下の三つの問い、日本定住ビルマ人を生み出す要因、日本定住ビルマ人の来日前と後の変化、滞在が四半世紀を超えた日本定住ビルマ人の選択を考察した。その考察を通し、定住ビルマ人の意識の変容、具体的には少数民族グループとバマーのエスニシティを超えた連帯、日本社会との関わりを明らかにした。終章となる本章では、まず序章で示した三つの問いについて、それぞれ明らかになったことを再確認し、その後に結論を出す。

一　三つの問いへの答え

第一の問いは、日本定住ビルマ人を生み出す背景を明らかにすることであった。この点については第一章と第二章で、日本とビルマ双方から来日を生み出す要因を考察し、さらに定住を長期化させる要因を明らかにした。

特に、ビルマの少数民族グループを取り巻く歴史的な状況を重視することにより、ビルマ社会で少数民族グループが置かれた環境、来日後の当事者の組織活動のあり方を解明した。そのうち、第一章では日本側の要因を考察した。まず、在留資格統計からビルマ出身者が東京で定住傾向にある点を指摘し、次に、難民受け入れ関連統計から積極的な受け入れがビルマ出身者を定住に向かわせた点を指摘した。そして、将来的に日本で安定した生活を継続させるため、法制度面を重視している点を考察した。

第二章では、ビルマ国内で少数民族グループがおかれている立場を時系列に辿り、ビルマ出身者が越境する要因を考察した。特に、独立ビルマの特徴として、植民地支配下で醸成されたバマーを中心とした考え方が、その後の国家形成の軸となり、ビルマの民族問題を複雑なものにしてしまったことを確認した。この点をふまえたうえで、本書の第一の問いである国境を越えた移動を生み出す要因について、以下の三点に着目した。まずは、独立準備期から、中央集権的な国家形成の考え方があり、少数民族グループは国民として得るべき権利が十分に保障されない状況におかれていた点である。次に、独立後もバマー中心の考えを持つ政治家や軍人による統治によって、中央集権化が進み、少数民族グループは固有の文化を維持できないばかりか、安全な生活を送ることもままならなくなり、結果的にBSPP期にはすでに国境を越えた移動が起きていた点を指摘した。三点目は、バマー中心の政治の結果として、バマーと少数民族グループの格差が広がり、国民同士の連帯を弱めてしまったことである。これらをふまえたうえで、一九九〇年以降の改革開放の流れで海外への出稼ぎが制度化される前から、少数民族グループの間では国境を越えた移動が日常的に行われていた点を明らかにした。この考察結果は、定住ビルマ人の越境要因、つまり、八八デモの参加者が当局からの弾圧を逃れるために来日したという要因のみを重視する先行研究の「常識」をくつがえすものである。

第二の問いは、日本定住ビルマ人の来日前後の変化を明らかにすることであった。この点について、少数民族グループの来日前の経歴および来日後の組織活動の変遷から、変容したエスニシティを第三章と第四章で考察した。そのうち第三章では、来日前の少数民族グループの居住パターンを三つに分類し、それぞれのエスニシティの特徴を考察した。具体的には、民族州生まれヤンゴン居住者の「再認識するエスニシティ」、ヤンゴン出身者の「獲得したエスニシティ」、民族州居住者の「活性化したエスニシティ」を考察した。まず、民族州生まれで、のちにヤンゴンに居住するようになった少数民族グループは、ヤンゴンの学校や職場などで差別的な扱いを経験するが、その経験を通して、自分たちは○○民族であると改めて認識するにいたった点を明らかにした。この点をふまえて「再認識するエスニシティ」とした。次に、ヤンゴン出身者についてであるが、聞き取り調査を実施できたのは二名であった。この二名には民族州での居住経験はないが、ヤンゴンの日常生活のなかで常に○○民族であることを意識させられたという点が共通していた。当事者や家族は、○○民族であるために差別的な扱いを受け、その経験を通して生まれる意識により、ヤンゴン居住者には「獲得したエスニシティ」が醸成されている。そして、民族州居住の少数民族グループの経験では、ビルマ語世界の広がりが確認できる一方で、日常生活における危険な体験や不本意な扱いを通して○○民族であるという意識がめばえている。この○○民族という意識を「活性化したエスニシティ」とした。独立以降のビルマでは、ビルマ語世界の広がりに加えて、民族州からヤンゴンやほかの都市部に移動することが例外的な経験とはいえず、少数民族グループはビルマという枠組みに包摂されているといえる。そのような経験を通して、○○民族というエスニシティが「再認識」され、「獲得」され、そして「活性化」されている。これは同時に、来日前のビルマ少数民族グループには「ビルマ人」であるという意識が希薄であったことを証明した。

そして、この○○民族というエスニシティが来日後、いかに変化したのかを考察したのが第四章である。この章では、一九八八年から二〇一三年にかけての四半世紀にわたる定住ビルマ出身者の組織活動を五つの時期に区分し、各時期の特徴を考察した。第一期（一九八八～一九九四年）は民主化組織と少数民族「非政治」組織の黎明期、第二期（一九九五～一九九九年）は民主化・少数民族「非政治」組織支部の設立期、第三期（二〇〇〇～二〇〇二年）は民主化組織の相互連帯期、第四期（二〇〇三年）は少数民族組織の設立と相互連帯期、そして、第五期（二〇〇四～二〇一三年）は民主化組織と少数民族組織の連帯形成期である。この変遷に伴って定住ビルマ人の意識が変容している点を指摘した。第一期から第三期までの少数民族グループは、来日前の意識と同様に、〇〇民族として自己を捉えていた。それが、第四期になり「ビルマ少数民族」という新たな意識をもつようになった。さらに、第五期になると「在日ビルマ人」という意識を新たに共有するようになっていった。まずは、少数民族グループは、来日してからしばらくの間、来日前から有していた〇〇民族というエスニシティを引き続き有していた点を確認した。その後、四半世紀の滞在経験を経て、それまでの〇〇民族間の閉ざされた生活世界とは異なる「ビルマ少数民族」および「在日ビルマ人」として政治運動を展開するようになったのである。その姿を具体的に表したのが、エスニシティを超えた連帯である。また、この一連の動きを日本社会からみれば、当初の不可視な存在から、難民としての存在感を示し、徐々に認識されるにいたったという大きな変化をもたらした。

第三の問いは、日本定住ビルマ人の将来的な選択を考察し、「ビルマ系日本人」誕生の可能性を明らかにすることであった。この点は第五章で扱った。定住ビルマ人を対象にしたアンケート調査結果、当事者のアイデンティティのあり方から、多くが祖国ビルマに帰るよりも日本で生きていくことを選択している点を明らかにした。さらに、これらの定住ビルマ人と日本社会とのかかわりについて、ビルマと日本双方につながりをもつ日本定住ビルマ人の存在が、将来的な「ビルマ系日本人」誕生の契機であると指摘した。

三つの問いを考察していく過程で研究上の限界点も浮上した。ビルマでは、「民政移管」後も民族問題が、継続、場合によっては悪化している。特に、西部のアラカン州における仏教徒とイスラム教徒との間にみられる対立は、多くの死者を出しており、状況は深刻である。序章で述べたとおり、ビルマの少数民族グループのうち、ビルマ国民であると認識されているグループとそうでないグループとでは、それぞれの抱える問題が異なる。ビルマ政府は、ロヒンギャについて、「バングラデシュからの不法移民で、ロヒンギャという少数民族は存在しない」との見解を表明している。そのためロヒンギャへの迫害が激しく、人権問題として国連の勧告も受けているが、状況は改善されていない。それに加えて、反政府の立場に立つ国民も、このビルマ政府の立場を支持している。実質的なリーダーとなったアウンサンスーチーは、非暴力の手段で民主化を実現させようとしていることから、この問題に関して静観していると捉えられることもある。

日本定住ビルマ人研究として、深刻な問題を抱えているロヒンギャを研究対象に含めるべきではないかとの異議があるかもしれない。送り出し側であるビルマでは、バングラデシュからの不法移民と捉えられているが、受け入れ側の日本では、ビルマ出身であるという観点から「ビルマ人」と捉えられており、ここに、ロヒンギャに対する両者の視点には大きな隔たりがある。この点を含めて、日本における協力関係や連帯の有無について調査し、諸要因を分析できれば、より一層の学術上の貢献をしうるのは確かである。しかしながら、本書では、法的には同じビルマ国民でありながら、ビルマ国内では異なる立場におかれている少数民族グループとバマーとの間で、来日後にどのように変容が生じているのかに焦点を当てたため、割愛せざるを得なかった。本書では、これまでまとめて議論された定住ビルマ人について、同じビルマ国民であっても、おかれた立場が異なる少数民族グループとバマーとに分類したことで、一歩踏み込んだ、広がりのある議論を展開できた点を強調したい。

本書で明らかにしたとおり、ビルマ国籍を有する少数民族グループと多数派とされるバマーとの間には来日後にエスニシティを超えた連帯が構築されているが、現在のところ、その連帯にはロヒンギャは入っていない。しかし、このことから定住ビルマ人はビルマ国内のロヒンギャへの差別的扱いに同調し、日本で構築された連帯自体が偏ったものであると結論付けるには、まだ十分な調査研究が必要である。筆者がこれまで日本およびタイで実施した聞き取り調査では、ロヒンギャへの迫害の実情を憂慮し、当事者のおかれた立場の不当さを認識している人が少なからずいた。なかにはロヒンギャが抱える問題を解説してくれたビルマ出身者もいた。その人は、ビルマ国民には十分な権利が得られないことが問題の根源だと捉えていた。ビルマでは、一般の国民が得られる権利は、軍関係者と比較すると限定的であるが、仮にバマーが得られる権利を一〇〇%とすると、国民と認められている少数民族グループが得られる権利は二〇~三〇%程度であり、国民であると認められていない少数民族グループ、すなわち、ロヒンギャの場合には五%にも満たない、または状況によってはマイナスとなっているのが、独立以降のビルマの民族問題の全体像であるという。そして、このような環境では、お互いの立場に理解を示す気持ちの余裕はなく、少ない権利であっても、それに満足するしかなく、より差別的な扱いを受けているロヒンギャをスケープゴートにしているのだとの見解を示してくれた。このような現状では、全体を底上げしないと問題解決につながらないのは明らかで、ビルマにおけるこれまでの政治のあり方が誤っていたことを証明していると指摘された。このように、ロヒンギャを取り巻く状況について冷静に分析する目をもち、ロヒンギャが直面しているさまざまな苦悩を理解し、何とかその状況を緩和できないかと考えているビルマ出身者も存在する。残念ながら、現在のところ、そのような考えを多くの同胞と共有できない環境がある。

客観的にみれば、ロヒンギャが抱える「法律上の無国籍」問題と、それ以外のビルマ出身者が抱える「事実上の無国籍」問題は、何れにしても当事者がつながりを有する国家から国民としての権利を得ることができないという共通点がある。つまり、双方ともに当該者の存在を公的に証明する書類などがなく、そのために十分な社会保障が得られない立場にある。さらに、アイデンティティ形成にかかわる問題と日常生活における根本的な問題が複雑にからみあい、当事者が悩みを抱える可能性が高い点も共通する。このように難民問題と無国籍問題は表裏一体であるが、日本では無国籍問題については本格的に論じられていない。わずかに国際法の観点から、国際条約の一つである「無国籍条約」への加入や、難民認定と並行して「無国籍認定」の制定が提言されているが、当事者はもとより、日本政府や世論を巻き込む動きはまだない。これは、当事者にとって問題解決のための直接的な働きかけが難しいという否定的な側面を表しているが、一方で、将来的には無国籍状態にある当事者間での協力関係構築の可能性も否定できない。

二　「ビルマ系日本人」は誕生するのか

「ビルマ系日本人」は誕生するのか。この問いに答えるにはまず、日本定住ビルマ人によって構築されたエスニシティを超えた連帯に着目しなければならない。なぜなら、この連帯は、定住先の日本で四半世紀のときを経て連帯が構築されていること、すなわち定住ビルマ人の四半世紀におよぶ日本滞在の総括として捉えることができるからである。そして、連帯を通して定住ビルマ人の意識が変容したことは、本国ビルマにおいても、日本においても重要な意義が見出せるからである。その内容については本書で明らかにしたように、来日前には〇〇民族として自己を捉え、「ビルマ人」という意識は希薄であった少数民族グループが、四半世紀を経て「在日ビルマ人」という新たな意識を自発的に芽生えさせてきている点にうかがえる。この変化を促したのが少数民族組織と民主化組織の連帯である。そして、両組織のメンバー構成に注目すれば、単に両者が連帯したという以上の意義がある。つまり、定住ビルマ人のエスニシティという観点からは、「〇〇民族」とバマーの連帯が実現しているのである。

これを本国ビルマの状況に当てはめると、独立以来の中心課題でありながら、実現できていない少数民族グループとバマーの連帯を、日本定住ビルマ人が体現しているという点に大きな意義が見出せる。本書で確認したように、ビルマ国内ではバマーと少数民族グループに対する当局の扱いには差があり、両者の経験は大きく異なる。聞き取り調査で明らかになったように、少数民族グループはその違いや差別的な扱いに対し不満を抱えており、その不満は、当局だけでなく場合によってはバマー全体に向けられることもある。「民政移管」後の本国ビルマでは、都市部ヤンゴンが飛躍的に発展したのに対し、民族州では基本的なインフラをはじめとして、医療や教育など、基本的なインフラが未整備のままとなっている地域がある。戦闘が未だに継続しており、新たな避難民が流出している地域もある。このように、両者の生活環境の差は歴然としており、それがビルマ国内の少数民族グループとバマーの連帯を阻んでいるのは明らかである。

このような格差がもたらす両者の関係は、日本においても二〇〇〇年代中ごろまで維持され、場合によっては強化されていた。しかし、二〇〇〇年代中盤以降にそれが大きく変容した。そこでは両者が対立よりも、歩み寄り、協力体制を構築することを選んだ。その結果が本書で考察したエスニシティを超えた連帯である。この「〇〇民族」とバマーの連帯こそが、ビルマ国内の政情を安定させる重要な鍵になり得る。その意味で、日本で四半世紀のときを経て構築された連帯は、研究上の新たな発見であるとともに、ビルマ問題の解決への糸口となりうる点からも大きな意義をもつ。エスニシティを超えた連帯は、日本における定住外国人のアイデンティティのあり方、さらには日本人のあり方を問う契機としても意義深い。定住ビルマ人のなかには、ビルマと日本という二つの国とのつながりを認識しつつ、生活を送っている人がいることから、長期的に捉えると「ビルマ系日本人」という意識がうまれてくる可能性がある点を前章で指摘した。つまり、定住ビルマ人のエスニシティを超えた連帯が日本で持つ意義とは、「ビルマ系日本人」誕生の可能性であるとも言える。

この新しい動きを重視するのは、それが、定住ビルマ人による四半世紀の組織活動によって生みだされたものであり、そこに日本社会とのかかわりが内在しているからである。来日直後に自己を「ビルマ人」と意識していたのはバマーだけで、少数民族グループは各自を○○民族と捉え、「ビルマ人」という意識が希薄であった点についてはすでに繰り返し述べた。しかし、日本では、バマーであれ、少数民族グループであれ、ビルマの出身であれば、民族グループに関係なく「ビルマ人」として捉えていたために、当事者と受け入れ社会である日本側の認識との間に齟齬が生じていた。それが、四半世紀の日本滞在を経て、エスニシティを超えた連帯が構築されるようになった。そして、少数民族グループの意識に目を向けると、○○民族から「ビルマ少数民族」へ、さらに「在日ビルマ人」へと新しい意識をもつようになったのである。言い換えれば、日本においてビルマ少数民族グループの意識が変容した結果、日本側の認識と重なってきたのである。これは、日本における定住ビルマ人による積極的な組織活動がなければうまれなかった意識である。

エスニシティを超えた連帯を通して、意識が変容した定住ビルマ人は、この先も日本での暮らしを望んでいる。それを顕著に表しているのが、昨今の「永住者」資格の取得者の大幅な増加であり、日本国籍取得者数の現状維持である。現在のところは「永住者」資格の取得者が多いが、インドシナ難民の例にあったように、二世、三世と世代が進むにつれて日本国籍の取得者が増加する可能性が高くなると想像できる。この傾向をたどっていくと、今後、法制度上の「日本人」として、また「日本人」というアイデンティティを有して生きていく定住ビルマ人が増加するのは明らかである。当事者の意識の変容に注目すると、「在日ビルマ人」として生きることの延長線上で、複合的な自己認識を有する人、つまり、ビルマとのつながりと「日本人」という意識を合わせ持つ「ビルマ系日本人」が誕生するであろう。ここで改めて、「ビルマ系日本人」という捉え方につなげて、四半世紀を経て変容した意識を重視している理由が明らかになる。

ただし、現実的な問題として、日本という受け入れ社会において「ビルマ系」であることを保ちつつ、「日本人」

になることが可能なのかという課題が残る。たとえば、日本は「外国人住民の帰化率が低い唯一の国」という見方がある。[1] 欧州七か国における定住外国人の世代の幅に注目したこの研究では、五か国で二世、二か国で三世で受け入れ国の国籍取得が止まっているのに対し、日本では韓国・朝鮮籍の在日コリアンがすでに四世となっているにもかかわらず、日本国籍の取得率が三割程度に止まっていることを根拠としている。日本における在日コリアンは、旧宗主国である日本の国民になることへの反発や葛藤という意識が強く働くという特殊性があるため、単純に欧州の例とは比較できない。しかしながら、日本で最大の国籍取得グループであるコリアンの日本国籍取得率が全体の約三割という統計結果は、日本における日本国籍取得が進んでいないことを証明する。

とはいえ、そのような傾向も、国籍取得に対する考え方を確認した際に指摘したように、昨今の在日コリアンの考えが従来とは異なり、多様化しているのも事実である。それに伴って、在日コリアンの近年の傾向として、日本への同化という旧来の認識ではなく、「子どものため」や「権利のため」などの理由で、日本国籍を取得している点は注目に値する。[2] つまり、国籍取得は現在のところ積極的にはなされていないが、その一方で、取得する側の意識に変化がでてきているのである。見方を変えれば、日本においてもこのような意識の変化を持つことができる実例として捉えることができる。日本国籍を取得した在日コリアンを対象とした調査では、自分自身を日本人と捉えている人が五三・〇%、日本人でもあり韓国人でもあるという二重のアイデンティティを有している人が二八・三%に上るとの統計がある。[3] 日本国籍を取得する在日コリアンの約八割が日本人という意識をもっていることになる。さらに、多様化する特別永住者を例に、日本国籍未取得であってもコリア系日本人と捉えるべきであるとの提案とともに、日本でも生地主義の導入をはかる時期にきているとの指摘がなされている。[4] これらの指摘は、新しく作られる「日本人」の実情として、また将来的な日本人像として示唆的である。

この傾向を定住ビルマ人の例に当てはめれば、「ビルマ系」であることを維持しつつ、「日本人」という意識をもつことが可能であると評価できる。前章で例にあげたベトナム難民は、日本国籍を取得して「日本人」になってもコミュニティ内ではベトナム名で生活し、旧来の在日コリアンと違って自民族をないがしろにしたと特別視されることもない(5)。日本社会におけるベトナム難民のおかれた立場は、在日コリアンのそれよりも、定住ビルマ人により近いと考えて差し支えないだろう。このベトナム難民の複合的なアイデンティティのあり方は、先の在日コリアンの事例とともに、新たな日本人像として示唆的である。両者の例から導き出せるのは、国籍取得という法制度を利用して「日本人」になることに加えて、当事者の既存の意識を維持しながら「日本人」になることが、不可能なわけではないということである。したがって、日本定住ビルマ人が日本国籍を取得した場合も、一方で○○民族や「ビルマ少数民族」、「在日ビルマ人」としての意識を維持しつつ、「日本人」でもあるという、複合的なアイデンティティを備えた人の存在が特殊な事例ではなくなる日も遠くはないだろう。

この複合的なアイデンティティを形成する要因として、第三章で考察した来日前のエスニシティのあり方に注目すると、同じ定住ビルマ人一世であっても来日前の経歴によって、その変容のあり方に差がでてくることが想像できる。なかでも、ヤンゴン出身の「獲得したエスニシティ」を有する定住ビルマ人は、来日前のエスニシティを維持したり、来日後に獲得した「少数民族／在日ビルマ人」という意識にこだわりを持つよりも、「日本人」である意識をより強く備えていく可能性が高いと予測できる。そのためほかのカテゴリーの人よりもいち早く「日本人」として生きていく生活スタイルを確立するのではないだろうか。また、このタイプの対極に位置するのは、来日前に「活性化したエスニシティ」を通して○○民族であることを意識していた民族州出身者であるといえる。その特徴は、今後も「少数民族／在日ビルマ人」という意識を維持しつつも、○○民族としてのエスニシティが強く残る可能性が高く、逆に「日本人」という意識を持つにはいたらないか、時間がかかると想像できる。それは、ベトナム難民の日本国籍取得の理由として指摘されていた「方便」として日本国籍を取得するという感覚に近いものとなるだろう。つまり、仮に法制度上は日本人になったとしても、生まれ育った民族州での体験を消し去ることは不可能であり、それが「活性化したエスニシティ」の維持を補強させる要因となりうるのである。最後の、民族州出身でヤンゴンに移動した少数民族グループには「再認識するエスニシティ」が醸成されていたが、このタイプは先の二つのタイプの中間に位置し、○○民族／少数民族／在日ビルマ人としての意識と「日本人」であるという複数の意識を共存させたアイデンティティをうみだす可能性が高いと想像できる。むろん、個人的な経験や考え方により、上記以外の意識の持ち方があり得るのは当然のことである。

いずれにせよ、定住の長期化がさらに進むと、複数のアイデンティティを兼ね備えた「ビルマ系日本人」が誕生する可能性が高い。そこでは、すでに四、五世が誕生している在日コリアンと同様に、民族的な誇りは大切にするが、それよりも「日本社会において、どのようなアイデンティティを確立していくのか[6]」が重要な課題となってくるだろう。その際に、本書で考察した、日本定住ビルマ人の四半世紀におよぶ日本滞在の結果としての意識の変容が参考になる。現在の日本では、例え、法制度上は日本人であっても、諸外国出身者はあくまでも外国人と扱われるのが一般的である。しかし、定住ビルマ人のなかには、来日前のエスニシティだけでなく、来日後に得た「在日ビルマ人」という新たな認識、さらには、受け入れ社会に即した「日本人」という認識を含む複合的なアイデンティティを有しながら、生きていこうとする人がいる。

ここでは、日本側の「常識」がふたたび問われている。本書で考察したとおり、日本では、ビルマ出身者であるから「ビルマ人」であると捉えられていたが、当事者である定住ビルマ人のなかにはそのエスニシティの違いから「ビルマ人」という意識が希薄な人がいた。逆に、四半世紀を超えて日本に滞在している定住ビルマ人のなかには、ビルマよりも受け入れ社会である日本をより強く意識する人がいても不思議ではない。定住ビルマ人の四半世紀におよぶ日本滞在の意義は、この点も含めて日本人とは誰を指すのかという根本的な問題に対して、日本人のもつ「常識」が当てはまらなくなってきていることを暗示している。国境を越えた人の移動は、今後さらに増加、多様化するのは間違いない。そのことは多様なアイデンティティを有する人が増加することを必然的に物語る。多様化する日本社会のアイデンティティのあり方に関する考察は今後の研究課題としたい。

注

(1) エリン・エラン・チャン著、阿部温子訳『在日外国人と市民権　移民編入の政治学』明石書店、二〇一二年、七一―七六頁。
(2) 韓国生まれ二名および日本生まれ一一二名を対象とした調査結果を参照(佐々木てる『日本の国籍制度とコリア系日本人』明石書店、二〇〇六年、九三―九八頁)。
(3) 対象者一一三名中六〇名が日本人と認識している。
(4) 李洙任「コリア系日本人の再定義 「帰化」制度の歴史的課題」駒井洋監修、佐々木てる編著『マルチ・エスニック・ジャパニーズ　〇〇系日本人の変革力』明石書店、二〇一六年、一〇八―一〇三頁。
(5) 川上郁雄、二〇〇五年、一九一―一九三頁。
(6) 佐々木てる、二〇〇九年、二五一頁。

あとがき

本書は二〇一三年度に東京大学大学院総合文化研究科に提出した博士論文をもとに加筆修正したものである。本書を出版するまでに多くの方に励まされ助けていただいた。

東京大学大学院総合文化研究科の先生方には、博士論文の提出準備過程から何度も時間をとっていただき、最終的に本書の元となった博士論文をまとめることができた。主査を引き受けて下さった東京大学名誉教授の古田元夫先生には、地域研究分野における論文執筆のさまざまな留意点はもとより、学術研究の真髄であるデータ分析方法について何度もご指導いただいた。先生のご専門であるベトナムと本書で扱ったビルマとは、難民を排出し、また、日本で受け入れたという共通点があることから、単なる現状分析に止まらない鋭いご指摘をいただき、何度も論考を重ねることができた。古田先生のご指導がなければ本書が世にでることはなかった。心からの感謝をお伝えするとともに、現在は日越大学学長としてお忙しい日々を過ごされている先生の更なるご活躍を願っている。

副査を引き受けて下さった四名の先生方にも感謝の気持ちでいっぱいである。同研究科の、「人間の安全保障」プログラムをご担当されている佐藤安信先生には難民受け入れをめぐるさまざまな議論を、歴史学をご専門とされている外村大先生には在日朝鮮人をはじめとした近代日本をめぐる人の移動のあり方を明晰にご教示いただいた。また、一橋大学名誉教授の田中宏先生には在日外国人をめぐる課題をご教示いただくとともに、一九六〇年代に来日した先生の旧知の間柄であるビルマの方をご紹介いただき、本書にとってかけがえのない出会いを与えていただいた。上智大学外国語学部（現総合グローバル学部）教授の根本敬先生には、ご専門のビルマ近現代史のみならず、現代ビルマ社会、さらには本書の研究対象である日本定住ビルマ人について、初期の民主化運動の様子等も含め、ともに活動されていた先生ならではの当事者目線のお話を聞かせていただき、単なる机上の空論に終わらない深みのある議論ができた。根本先生とは科研プロジェクトをご一緒させていただいており、実践的な研究から多くを学ばせていただいている。五名の先生方には心より感謝している。本当にありがとうございました。

研究者を目指し、博士課程に進学するよう勧めて下さったハワイ大学歴史学科名誉教授の Hugh H.W. Kang 先生にはさまざまな場面で相談にのっていただいた。幼少期から日本の植民地支配および朝鮮戦争という動乱の時代を経験し、アメリカ留学後、半世紀以上にわたり東西文化が融合するハワイ州で教鞭をとられた先生からは、学問のあり方のみならず、たとえ茨の道であっても、また、牛歩の如く遅々とした歩みであっても、前を向き人生を切り開く逞しさを教わった。退官されてもなお研究に情熱を傾ける先生に本書をお届けできることは大いなる喜びである。本当にお世話になりました。

学部時代を過ごした徳島大学、および、修士時代を過ごした早稲田大学大学院の先生方、東南アジア学会、および、ビルマ研究会における筆者の拙い報告に対し有益なコメントを下さった先生方、科研プロジェクト等を通して交流させていただいている先生方、現在の職場である大阪経済法科大学、および、博士課程在籍時に客員研究員として所属させていただいた同大学アジア太平洋研究センター関係者、ご多忙にもかかわらず有益な情報を惜しみなく共有して下さった国内外のビルマ支援者、外国とつながりをもつ人々が抱える問題に関心を持つきっかけを与えて下さった徳島県国際交流協会関係者、さらには、学部、修士、博士の各課程在学中に交流のあった学友たちにも多くを助けていただいた。いまだに論文執筆や助成金獲得など、さまざまな場面でご相談にのっていただいている先生方や元同僚の方々、友情を育んでいる研究者や学友との出会いは、単に学術面のみならず、実り豊かな人生を実感するかけがえのない機会を与えていただいている。お一人ずつのお名前を挙げることはできないが、先生方の忌憚のないご指導ご鞭撻、研究仲間や学友たちの変わらない友情に感謝している。

そして何より本書はビルマ国内外の皆さんのご協力なしには完成することはできなかった。中でも、日本に定住するビルマ出身の皆さんには非常にお世話になった。飲食店での長時間勤務のつかの間の休憩時間や、唯一の休日である日曜日にしかできない政治活動中の貴重な時間を、筆者のインタビューに費やしていただくなど、多大なご協力を賜った。来日前の経験や来日経緯など、思い出したくない不快な思いとなっている場合もあるに違いないが、そこに輪をかけて何度も事実関係を聞き直すなど、失礼な態度で接したことも一度や二度ではない。この場で改めて失礼をお詫びするとともに、皆さんのご多幸、そして、祖国ビルマの平和と繁栄を心の底から願っている。すでに帰国された方、第三国へ転出された方、連絡先が不明となった方もいらっしゃるが、可能な限り多くのビルマの方々にお礼の気持ちとともに本書を届けたいと願っている。

＊＊＊＊

風響社の石井雅社長には、人生初の単著出版となる筆者を最終目的地まで導いていただいた。初めてお邪魔した事務所では、ご馳走になったコーヒーのお礼もそこそこに、あれやこれやと質問攻めにしてしまったが、社長は嫌な顔一つ見せず丁寧にご説明下さった。刊行への感謝の気持ちとともに、不躾な態度をお詫びしたい。

最後になるが、常に変わらず応援してくれる家族と親しい友に感謝の気持ちを伝えたい。心の底から喜びや悲しみを分かち合える人たちに囲まれて人生を過ごせることは、何事にも代えがたい喜びである。本当にありがとう。昨秋七回忌を迎えた大好きな祖母の墓前に本書を手向けたい。

＊本書に含まれる各章の初出は以下のとおりである。

第三章　「定住ビルマ人の来日前の経歴と民族意識の形成に関する考察」『東アジア研究（六四）』一—一五頁、二〇一六年

第四章　「日本定住ビルマ人のネットワーク形成過程——少数民族グループとビルマ民族の連帯を事例に」『大阪経済法科大学アジア太平洋研究センター年報（一一）』一七—二三頁、二〇一四年
「在日ビルマ人ネットワークの諸相——一九八八〜二〇一三年の東京における組織活動を中心として」根本敬編『上智大学アジア文化研究所 occasional Papers (20) 在外ビルマ人コミュニティの形成と課題——日本と韓国を事例に』六—二八頁、二〇一六年

第五章　「定住ビルマ人コミュニティの将来——「多文化共生」の観点から」大阪経済法科大学アジア太平洋研究センター年報（一二）』一八—二五頁、二〇一五年

＊本書の出版に際しては、独立行政法人日本学術振興会二〇一七年度科学研究費補助金（研究成果公開促進費：課題番号 17HP5266）の交付を受けている事を記して感謝したい。

参考文献

［日本語］

青柳まちこ編・監訳
　二〇〇三　『「エスニック」とは何か　エスニシティ基本論文選』新泉社。

赤津陽治
　二〇〇四　「ビルマ・ディペーイン事件の証言者たち」『マスコミ市民』二〇〇四年九月、七六―七九頁。

秋元由紀
　二〇〇六　「国際的水力開発は何をもたらすのか」『月刊オルタ　特集タイとビルマ民主主義の行方』アジア太平洋資料センター、二六―二八頁。
　二〇一二　「ビルマ――新政府発足と民主化の行方」特定非営利活動法人ＡＰＬＡ『ハリーナ』二巻一七号、九頁。

アジア経済研究所
　二〇〇六　『アジア動向年鑑二〇〇六年版』アジア経済出版会。
　二〇〇八　『アジ研ワールド・トレンド第一五五号　特集ミャンマー軍政の二〇年』アジア経済出版会。

アジア太平洋資料センター編
　二〇〇六　『月刊オルタ　特集タイとビルマの民主主義の行方』二〇〇六年一二月号、アジア太平洋資料センター。

綾部恒雄
　二〇〇〇　「民族について」綾部恒雄監修『世界民族事典』弘文堂、一五頁。

池田一人
　二〇〇〇　「ビルマ独立期におけるカレン民族運動」東京外国語大学アジア・アフリカ言語文化研究所『アジア・アフリカ言

語文化研究』六〇、三七―一一一頁。
二〇〇八「カレンの二〇年、民族の一世紀」アジア経済研究所『アジ研ワールド・トレンド』二〇〇八年八月号　第一五五号、一八―二二頁。
二〇一一「カレンの歴史」伊東利勝編『ミャンマー概説』めこん、二四五―二六九頁。
石田智恵
二〇〇九「一九九〇年入管法改正を経た〈日系人〉カテゴリーの動態――名づけと名乗りの交錯を通して」立命館大学大学院先端総合学術研究科『Core Ethics』五巻、一―一〇頁。
移住労働者と連帯する全国ネットワーク
二〇一二『Mネット　特集　在日ビルマ難民の現在・過去・未来』一五〇号。
市川政雄
一九九八「難民トラウマと精神的ストレス――在日ビルマ人難民申請者の場合」日本民主法律家協会『法と民主主義』三三三号、五二―五七頁。
市野川容孝、小森陽一
二〇〇七『思考のフロンティア　難民』岩波書店。
伊東利勝
二〇一三「ミャンマーと民族問題」早稲田大学アジア研究機構『ワセダアジアレビュー』一四号、三〇―三五頁。
伊東利勝編
二〇一一『ミャンマー概説』めこん。
伊東利勝、吉田敏浩、伊野憲治、工藤年博、丸山市郎
二〇一一「ミャンマー的国民国家の枠組み――政治」伊東利勝編『ミャンマー概説』めこん、一五―八六頁。
伊野憲治
一九九二「[資料]一九九〇年ミャンマー総選挙の結果」『アジア・アフリカ言語文化研究所通信』七五号、一四―四一頁。
一九九五「ミャンマー民主化運動と少数民族問題」『思想』八五〇、岩波書店、一一四―一三八頁。
二〇一一「ミャンマー的国民国家の枠組み――政治」『ミャンマー概説』めこん、四〇―五六頁。
内堀基光
一九九八「民族論メモランダム」田辺繁治編『人類学的認識の冒険――イデオロギーとプラクティス』同文舘、二七―四三頁。

S・カースルズ、M・J・ミラー著、関根雅美、関根薫監訳
二〇一一『国際移民の時代　第四版』名古屋大学出版会。
江橋正彦
二〇一五「ミャンマーにおける国際労働移動の実態と課題」トラン・ヴァン・トウ、松本邦愛、ド・マン・ホーン編『東アジア経済と労働移動』文眞堂、一三二―一四五頁。
エリン・エラン・チャン著、阿部温子訳
二〇一二『在日外国人と市民権　移民編入の政治学』明石書店。
大野　徹
一九七〇a「ビルマ国軍史（その一）」京都大学『東南アジア研究』八巻二号、二一八―二五一頁。
一九七〇b「ビルマ国軍史（その二）」京都大学『東南アジア研究』八巻三号、三四七―三七七頁。
一九七一c「ビルマ国軍史（その三）」京都大学『東南アジア研究』八巻四号、五三四―五六五頁。
大曲由紀子、高谷幸、鍛治致、稲葉奈々子、樋口直人
二〇一一「在日外国人の仕事――二〇〇〇年国勢調査データの分析から」『茨城大学地域総合研究所年報』四四号、二七―四二頁。
梶田孝道
一九九四『外国人労働者と日本』日本放送出版協会。
二〇〇二「西欧の移民・難民政策が抱えるジレンマ『正規化もできず、強制退去もできず』」『国際問題』五一三号、日本国際問題研究所、三二―四五頁。
梶田孝道編
二〇〇五『新・国際社会学』名古屋大学出版会。
梶田孝道、宮島喬編
二〇〇二『国際化する日本社会』東京大学出版会。
梶田孝道、丹野清人、樋口直人編
二〇〇五『顔の見えない定住化』名古屋大学出版会。
梶村美紀
二〇〇七『在日カチン人コミュニティ――日本における難民支援の実証的研究』早稲田大学大学院アジア太平洋研究科提出

修士論文。

二〇一〇「ビルマ難民の滞日経験――カチン難民申請者の視点を中心として」東南アジア学会事務局『東南アジア学会会報』第九三号、一六―一七頁。

二〇一三a「定住ビルマ（ミャンマー）人の新動向」吉原和男編『人の移動事典　日本からアジアへ・アジアから日本へ』丸善出版、二六〇―二六一頁。

二〇一三b「付録　日本定住ビルマ人組織一覧表」吉原和男編『人の移動事典　日本からアジアへ・アジアから日本へ』丸善出版、四七二―四七三頁。

二〇一四「日本定住ビルマ人のネットワーク形成過程――少数民族グループとビルマ民族の連帯を事例に」『大阪経済法科大学アジア太平洋研究センター年報一〇号』一七―二三頁。

二〇一五「定住ビルマ人コミュニティの将来――「多文化共生」の観点から」大阪経済法科大学アジア太平洋研究センター年報（一二）』一八―二五頁。

二〇一六a「定住ビルマ人の来日前の経歴と民族意識の形成に関する考察」『東アジア研究（六四）』一―一五頁。

二〇一六b「在日ビルマ人ネットワークの諸相――一九八八～二〇一三年の東京における組織活動を中心として」根本敬編『上智大学アジア文化研究所 occasional Papers (20) 在外ビルマ人コミュニティの形成と課題――日本と韓国を事例に』六―二八頁。

二〇一六c「日本人にならない方がよかった？　ある「ビルマ系日本人」のつぶやき」（駒井洋監修、佐々木てる編著『マルチ・エスニック・ジャパニーズ――〇〇系日本人の変革力』明石書店。

川上郁夫
二〇〇五『越境する家族――在日ベトナム系住民の生活世界』明石書店。

北原　淳
二〇〇七「タイにおける外国人労働者の流入とその制度的条件」佐々木衛編著『越境する移動とコミュニティの再構築』東方書店、一〇五―一二二頁。

二〇一一『タイにおける外国人労働者の移動・労働・生活』課題番号一九五一〇二六四　二〇〇七年度―二〇一〇年度科学研究費補助金（基盤研究C）研究成果報告書。

北原淳、タンタン・アウン
二〇一〇「ミャンマー（ビルマ）のディアスポラ――国境地帯のカレン族の事例」神戸大学社会学研究会『社会学雑誌』

二七・二八、六六―八二頁。
木村　自
　二〇一六　『雲南ムスリム・ディアスポラの民族誌』風響社。
桐生　稔
　一九七四　「民政移管とビルマ経済の現状」アジア経済研究所『アジア経済』一五（七）、九六―一〇一頁。
桐生稔・西澤信善
　一九九六　『ミャンマー経済入門　開放市場への胎動』日本評論社。
工藤利博編
　二〇一二　『ミャンマー政治の実像――軍政二三年の功罪と新政権のゆくえ』日本貿易振興機構アジア経済研究所。
　二〇一六　「二〇一五年ミャンマー総選挙結果を読む」長田紀之、中西嘉宏、工藤年博『情報分析レポート二七号　ミャンマー二〇一五年総選挙――アウンサンスーチー新政権はいかに誕生したのか』アジア経済研究所。
久保公二
　二〇一六　「ミャンマー人移民労働者の地下送金手段の変容」アジア経済研究所『アジ研ワールド・トレンド』第二四五号、三一―三四頁。
久保忠行
　二〇一四　『難民の人類学――タイ・ビルマ国境のカレンニー難民の移動と定住』清水弘文堂書房。
久保忠行・岩佐光広
　二〇一一　「制度批判で見えなくなること――日本の難民の第三国定住をめぐって」高知大学人文学部国際社会コミュニケーション学科『国際社会文化研究』一二巻、五三―八二頁。
倉　真一
　一九九八　「国際移民の多様性とエスニックな連帯――日本におけるビルマ出身者を事例に」『年報筑波社会学』第一〇号、五八―九四頁。
倉田良樹、津崎克彦、西野文子
　二〇〇二　『ベトナム人定住者の就労と生活に関する実態調査』文部科学省科学研究費補助金・特定領域研究B「世代間利害調整に関する研究」内「少子化および外国人労働をめぐる経済的理論的・計量的研究」グループによるディスカッションペーパー。

光文社
一九九六『週刊宝石』一月二五日号「主権の侵害だ！ミャンマー政府が日本国内で税金二〇億円を集めている」四八―五一頁。
駒井洋監修、佐々木てる編著
二〇一六『マルチ・エスニック・ジャパニーズ　〇〇系日本人の変革力』明石書店。
近藤　敦
二〇〇一『［新版］外国人参政権と国籍』明石書店。
齋藤瑞枝
二〇〇〇「一九五〇年代におけるアラカン人仏教徒議員の新州設立要求」『東南アジア研究』三七巻四号、五三五―五五五頁。
財団法人アジア福祉教育財団　難民事業本部
一九九三『インドシナ難民の定住状況調査報告』。
二〇〇四『難民申請者の住環境に関する状況調査』。
財団法人入管協会
二〇〇三～二〇一二『在留外国人統計　平成一五年～二四年版』入管協会。
佐久間平善
一九九三『ビルマ（ミャンマー）現代政治史　増補版』勁草書房。
佐々木てる
二〇〇六『日本の国籍制度とコリア系日本人』明石書店。
島村　玄
一九九七「祖国の自由化・民主化を求める在日ビルマ人たちの思想と行動」政界出版社『政界』一九（二）、六八―七一頁。
シュエバ・田辺寿夫
二〇〇八『負けるな！在日ビルマ人』梨の木舎。
庄司智孝
二〇〇九「多元的関係の追求」恒川潤編『中国の台頭――東南アジアと日本の対応（国際共同研究シリーズ）』防衛省防衛研究所、一五五―一八二頁。
庄司博史編著、国立民族学博物館編集
二〇〇四『多みんぞくニホン――在日外国人のくらし』財団法人千里文化財団。

白井美由紀
　二〇〇七　『日本国籍をとりますか？　国家・国籍・民族と在日コリアン』新幹社。
徐　京植
　二〇〇二　「「半難民」から見えてくるもの」『現代思想』第三〇巻第一三号、六四—六六頁。
青土社
　二〇〇二　『現代思想　特集　難民とは誰か』Vol. 三〇—一三
　二〇〇七　『現代思想　特集　隣の外国人——異郷に生きる』Vol. 三五—七
関根政美
　一九九四　『エスニシティの政治社会学——民族紛争の制度化のために』名古屋大学出版会。
高橋秀実
　一九九五　『にせニッポン人探訪記』草思社。
高谷紀夫
　二〇〇八　『ビルマの民族表象』法蔵館。
高村三郎、毛利卓
　一九八四　『国境貿易——東南アジア陰の経済』弘文堂。
武島良成
　二〇〇七　「日本占領期のビルマにおける『ビルマ化』政策」『京都教育大学紀要　一一〇号』京都教育大学、三一—三四。
田中　宏
　二〇一三　『在日外国人　第三版　——法の壁、心の溝』岩波書店。
田辺寿夫
　一九九七　『ビルマ「発展」のなかの人びと』岩波書店。
　二〇一〇　「ビルマ出身者ディアスポラはいま　在日ビルマ人の思想と行動」駒井洋監修『東南・南アジアのディアスポラ』明石書店、一一二—一三五頁。
田辺寿夫、根本敬
　二〇〇三　『ビルマ軍事政権とアウンサンスーチー』角川書店。
　二〇一二　『アウンサンスーチー——変化するビルマの現状と課題』角川書店。

田沼幸子
　二〇〇一「在日ビルマ人と日本人の相互行為における自己表象――「期待」と「ずれ」」吉原和男編『アジア移民のエスニシティと宗教』風響社、七一―一〇〇頁。
田村克己
　一九八三「地域研究Ⅱ：東南アジア――ビルマにおける民族問題と国家統合」金沢大学文学部『金沢大学文学部論集：行動科学科篇』三、四五―五六頁。
ティンケッ（DBSO代表）、田辺寿夫訳
　一九九七「民主ビルマ学生連盟（DBSO）のあゆみ」ビルマ市民フォーラム『Burmaフォーラムニュース』二号、八―九頁。
トム・クレーマー
　二〇一二「ミャンマーの少数民族紛争」工藤利博編『ミャンマー政治の実像――軍政二三年の功罪と新政権のゆくえ』日本貿易振興機構アジア経済研究所、一三三九―一六六頁。
トーマス・ハンマー著、近藤敦監訳
　一九九九『永住市民（デニズン）と国民国家――定住外国人の政治参加』明石書店。
土井たか子編
　一九八四『「国籍」を考える』時事通信社。
戸田佳子
　二〇〇一『日本のベトナム人コミュニティ　一世の時代、そして今』暁印書館。
外村　大
　二〇一三「安定成長期日本の外国人労働者――グローバリゼーション下の移動の胎動」『アジア太平洋討究』二〇号、早稲田大学アジア太平洋研究センター、二七七―二九一頁。
中西嘉宏
　二〇〇九『軍政ビルマの権力耕造　ネー・ウィン体制下の国家と軍隊一九六二―一九八八』京都大学学術出版会。
中牧弘允
　二〇〇四「日本人の海外移住　開国からデカセギの逆流まで」庄司博史編著、国立民族学博物館編集『多みんぞくニホン――在日外国人のくらし』財団法人千里文化財団、二五―二九頁。
難民問題研究フォーラム編

入管協会
　『在留外国人統計　平成一四～二八年版』。
西澤信善
　二〇〇一　『難民と人権　新世紀の視座』現代人文社。
　二〇〇二　『日本の難民認定手続き――改善への提言』現代人文社。
西野史子、倉田良樹
　二〇〇〇　『神戸大学経済学叢書　ミャンマーの経済改革と開放政策　軍政一〇年の総括』勁草書房。
　二〇〇二　『日本に定住するベトナム系住民の就労状況』文部科学省科学研究費補助金・特定領域研究B「世代間利害調整に関する研究」内「少子化および外国人労働をめぐる経済的理論的・計量的研究」グループによるディスカッションペーパー。
入管問題調査会編
　一九九六　『密室の人権侵害　入国管理局収容施設の実態』現代人文社。
ヌヌウェイ
　一九九八　「ミャンマーと日本における学校教育と教員養成課程に関する比較研究」『北海道大学教育学部紀要』第七六号、北海道大学、一一九―一四七頁。
根津　清
　一九九四　『難民認定　ミャミャウィンが語った一五〇〇日』ダイヤモンド社。
根本　敬
　二〇〇二　「ビルマの独立――日本占領期からウー・ヌ時代まで」池端雪浦ほか編『東南アジア史第八巻』岩波書店、一七三―二〇二頁。
　二〇〇三　『アウン・サン――封印された独立ビルマの夢　現代アジアの肖像（一三）』岩波書店。
　二〇〇四　「ビルマ・アラカン州におけるロヒンギャー問題に関する予備的考察」荒井悦代編『東部南アジア地域の地域関係研究会中間成果報告』アジア経済研究所、一九一―二〇八頁。
　二〇〇六　「いま、ビルマの民主化をどう考えるか?」アジア太平洋資料センター編『月刊オルタ　特集タイとビルマ　民主主義の行方』二〇〇六年一二月号、一一―一三頁。
　二〇〇九　「ビルマ民主化運動における暴力と非暴力――アウンサンスーチーの非暴力主義と在タイ活動家たちの理解」『年

報政治学』二〇〇九—二号、一二九—一四九頁。
二〇一〇『抵抗と協力のはざま——近代ビルマ史のなかのイギリスと日本　戦争の経験を問う』岩波書店。
二〇一五『アウンサンスーチーのビルマ——民主化と国民和解への道』岩波書店。

箱田　徹
二〇一二「最近のビルマ情勢に浮かぶ複数の「フロンティア」」ヒューライツ大阪『国際人権ひろば』一〇五号、一二一—一三頁。

橋本（関）泰子
二〇〇七「タイにおけるミャンマー人労働者のエスニシティとナショナリティ——モーン族の事例を中心に」佐々木衛編著『越境する移動とコミュニティの再構築』東方書店、一三九—一五五頁。

早尾貴紀
二〇〇八『ユダヤとイスラエルのあいだ　民族／国民のアポリア』青土社、二四—三四頁。

人見泰弘
二〇〇七「ビルマ系難民の政治組織の形成と展開」北海道社会学会『現代社会学研究』二〇、一—一八頁。
二〇〇八「滞日ビルマ系移民の移住過程をめぐって」『アジア遊学』一一七号、一〇七—一一三頁。

ビルマ市民フォーラム
二〇〇〇『アリンヤウン　特集－キンマウンラさん一家、在留資格をめぐる動き』特別号。
二〇〇二『アリンヤウン』第二二号。

ビルマ日本事務所
『ビルマジャーナル』四巻一号。

福田佳彦
二〇〇一「ドイツの国籍法改正と二重国籍問題」神奈川大学経営学部『国際経営論集』一七五—二〇一頁。

渕上英二
一九九五「偽日系人を生み出す社会」『日系人証明——南米移民、日本への出稼ぎの構図』新評論、四九—五四頁。

プリーチャ・クウィンパン著、田村隆悟訳
二〇〇五「タイへの国境を越える移動——ビルマ、ラオス、カンボジアからの労働移民に対する政策とその実践」神戸大学社会学研究会編『社会雑誌』二二号、二二一—二三五頁。

古田元夫

一九九一　『ベトナム人共産主義者の民族政策史――革命の中のエスニシティ』大月書店。
一九九四　「アクチュアリティー――「難民」報道の落とし穴」小林康夫、船曳建夫編『知の技法』東京大学出版会、一八四―一九五頁。
一九九五　『ベトナムの世界史　中華世界から東南アジア世界へ』東京大学出版会。
古屋博子
二〇〇九　『アメリカのベトナム人　祖国との絆とベトナム政府の政策転換』明石書店。
ベネディクト・ロジャース著、東京YWCA国際語学ボランティアグループ訳
二〇〇八　『十字架を背負って　ビルマ軍事政権によるキリスト教徒の活動制限・差別・迫害』カチン機構（日本）。
ベネディクト・ロジャーズ著、秋元由紀訳、根本敬解説
二〇一一　『ビルマの独裁者タンシュエ　知られざる軍事政権の全貌』白水社。
法務省入局管理局
二〇〇六　『難民条約加入二五周年記念企画　難民認定行政――二五年間の軌跡』。
法務省入国管理局編
一九六四　『在留外国人統計』大蔵省印刷局、二―五頁。
本間　浩
一九九〇　『難民問題とは何か』岩波新書。
マーティン・スミス著、高橋雄一郎訳
一九九七　『世界人権問題叢書二〇　ビルマの少数民族　開発、民主主義、そして人権』明石書店。
マイグレーション研究会
二〇一二　『エスニシティを問いなおす　理論と変容』関西学院大学出版会。
増田知子
二〇一二　「ミャンマー軍政の教育政策」工藤年博編『ミャンマー政治の実像――軍政二三年の功罪と新政権のゆくえ』アジア経済研究所、二三五―二六九頁。
水野敦子
二〇〇九　「ミャンマー中部乾燥地域からの労働力流出と村落経済――ニャンウー県ジョーピンター村における調査報告」龍谷大学アフラシア平和研究センター『アフラシア研究』九号、一―二二頁。

三竹直哉
二〇一〇a 「民主化支援策としての難民政策――在日ビルマ人難民の政治キャピタル形成（一）」『駒澤法学』一〇―一、一〇六―七九頁。
二〇一〇b 「民主化支援策としての難民政策――在日ビルマ人難民の政治キャピタル形成（二・完）」『駒澤法学』一〇―二、四七―六六頁。
南川文里
二〇〇七 『日系アメリカ人の歴史社会学――エスニシティ、人種、ナショナリズム』彩流社。
二〇一二 「エスニシティ概念の現代的位相」マイグレーション研究会『エスニシティを問いなおす　理論と変容』関西学院大学出版会、一八―三二頁。
武者小路公秀監修、浜邦彦、早尾貴紀編
二〇〇八 『ディアスポラと社会変容』国際書院。
モートゥザー
二〇一三 「ミャンマーが抱えるロヒンギャ問題」広島市立大学広島平和研究所『Hiroshima Research News』一五巻三号、広島市立大学広島平和研究所、六頁。
山田美和
二〇一二 「アウンサンスーチーのマハーチャイ訪問が意味すること――ミャンマーの発展と移民労働者問題」アジア経済研究所『アジ研ワールド・トレンド』二〇三号、三六―四〇頁。
山本理絵
二〇一二 「難民認定における申請者の手続的権利保障――行政手続段階を中心に」『立命館法政論集』第一〇号、一―三八頁。
吉田敏浩
一九九五 『森の回廊　ビルマ辺境民族解放区の一三〇〇日』NHK出版。
一九九八 「生命の連なりを未来に――北ビルマから中国雲南省と北タイにかけての民族間関係と民族・国家間関係と民族内関係をめぐって」『東南アジア研究』三五巻四号、二六八―二九一頁。
ロビン・コーエン著、駒井洋・角谷多佳子訳
二〇〇一 『グローバル・ディアスポラ』明石書店。
李　洙任

二〇一六「コリア系日本人の再定義「帰化」制度の歴史的課題」駒井洋監修、佐々木てる編著『マルチ・エスニック・ジャパニーズ　〇〇系日本人の変革力』明石書店、一〇八―一二九頁。

早稲田大学アジア太平洋研究センター

二〇〇三「戦後日本・東南アジア関係史総合年表」編集委員会編『南方軍政関係史料二六　戦後日本・東南アジア関係史総合年表』龍溪書舎。

早稲田大学アジア研究機構

二〇一三『ワセダアジアレビュー　特集ミャンマーを考える』一四号、めこん。

和田理寛

二〇一六『民族共存の制度化へ、少数言語の挑戦　タイとビルマにおける平地民モンの言語教育運動とそれを支える仏教僧』風響社。

［英語およびビルマ語］

Apichai W. Shipper

2001 *Associative Activism: Organizing Support for Foreign Workers in Contemporary Japan,* Ph.d Dissertation, Massachusetts Institute of Technology.

2006 “Foreigners and Civil Society in Japan”. *Pacific Affairs.* Summer Vol.79, No.2. pp.269-289.

2008 Democracy of Illegals: Orgnizing Support for Illegal Foreigners. *Fighting for Foreigners: Immigration and its Impact on Jaanese Democracy.* Corness Universty Press. pp.88-127.

Aung, Winston Set

2009 “Illegal Heroes and Victimless Crimes: Informal Cross border Migration from Myanmar” Institute for Security and Development Policy, *Asia Paper,* pp.5-56.

Banki, Susan

2006 “The Triad of Transnationalism, Legal Recognition, and Local Community: Shaping Political Space for the Burmese Refugees in Japan”. *Refuge.* 23:2 (Winter). pp.36-46.

Brees, Inge

2009 “Burmese Refugee Transnationalism: What Is the Effect? ”, *Journal of Current Southeast Asian Affairs.* 28-2. pp.23-46.

Callahan Mary

2003 *Making Enemies: War and State Building in Burma,* Cornell University.

Caroline B. Brettell and James F. Holifield. ed.

2000 *Migration Theory Talking Across Disciplines,* London: Routledge.

Chao Tzng Yawnghwe

1987 *The Shan of Burma: Memoirs of a Shan Exile,* Institute of Southeast Asian Studies.

Chao Tzang Yawnghwe and Lian H. Sakhong. ed.

2003 *Federalism State Constitutions and Self-Determination in Burma [Report on State Constitutions Drafting Process],* UNLD Press.

Charney Michael W.

2009 *A History of Modern Burma,* Cambridge University Press.

Constituent Assembly of Burma

1948 *The Constitution of the Union of Burma,* Rangoon, Supdt. Govt. Printing and Stationery, Burma.

Constitution of the Republic of the Union of Myanmar

2008 ပြည်ထောင်စု သမ္မတမြန်မာနိုင်ငံတော် ဖွဲ့စည်းပုံအခြေခံဥပဒေ (၂၀၀၈ခုနှစ်), Printing & Publishing Enterprise, Ministry of Information, Union of Myanmar (October, 2009 (5,000) Copies)

Joint Action Committee (The Federal Constitution Drafting Committee, Supporting Committee for State Constitution, Women's League of Burma,

"Seminar on Basic Principles for a Future Federal Constitution (Feb. 9-12,2005) p.34:
အနာဂတ်ဖက်ဒရယ်ပြည်ထောင်စု ဖွဲ့စည်းပုံဆိုင်ရာ အခြေခံမူများ ချမှတ်ရေး နှီးနှောဖလှယ်ပွဲမှတ်တမ်း၊၂၀၀၅ ဖေဖော်ဝါရီ ၉ ရက် မှ ၁၂ ရက် နှီးနှောဖလှယ်ပွဲကျင်းပရေးကော်မတီမှ ထုတ်ဝေသည်၊၄၅၊

Kachin Women's Asociation Thailand

2004 "Driven Away Trafficking of Kachin women on the China-Burma border: A report by Kachin Women's Association Thailand (KWAT)"

Sofia Gaspar and Khatharya Um ed.,

2016 *Southeast Asia Migration: People on the Move in Search of Work, Refuge and Belonging.,* Sussex Academic Press., p1-4

Kuntz Egon F.

1981 “Exile and Resettlement: Refugee Theory”, *International Migration Review* 15 (1), pp.42-51

Lian H. Sakhong

2003 *In Search of Chin Identity: A Study in Religion, Politics and Ethnic Identity in Burma,* Nordic Institute of Asian Studies Monograph Series, Np.91.

Matthew J. Walton

2008 “Ethnicity, Conflict, and History in Burma: The Myths of Panglong”, *Asian Survey,* Vol.48. pp.889-910.

Maung Maung

1959 *Burma's Constitution,* The Hague Martinus Nijhoff

Seekins Donald M.

2007 *Burma and Japan Since 1940 from ‘Co-prosperity’ to ‘Quiet Dialogue’,* NIAS Press.

Silverstein Josef

1980 “The Constitution of 1947”, *Burmese Politics: The Dilemma of National Unity,* Rutgers University Press. pp.185-205.

Silverstein Josef ed.

1993 *The Political Legacy of Aung San: Revised Edition,* Cornell Sotheast Asia Program.

Smith Martin

1999 *Burma Insurgency and the Politics of Ethnicity (Revised and updated edition),* The University Press Dhaka, White Lotus Bangkok and Zed Books Lts London. New York.

Steinberg David I.

1982 “Military Rule in Burma, 1962-1980”, *Burma: A Socialist Nation of Southeast Asia,* Westview Press. pp.73-93.

Than Than Aung

2007 “Myanmar Migrant Sociery in Bangkok Metropolis and Neighboring Region”、佐々木衛編著『越境する移動とコミュニティの再構築』東方書店、一五七—一七二頁。

Joint Action Committee (The Federal Constitution Drafting Committee, Supporting Committee for State Constitution, Women's League of Burma,

“Seminar on Basic Principles for a Future Federal Constitution (Feb. 9-12,2005)”

The Constitution of the Socialist Republic of the Union of Burma
1974　Published by the Ministry of Information, translation of the Constitution into English being done by the Burma Socialist Programme Party, Printed by Printing and Publishing Corporation Rangoon

The People's Age
2012　「成長戦略会議にて華僑と越僑がそれぞれの出身国に与えた影響について協議」
၂၀၁၂၊ကြာသပတေးနေ့၊အတွဲ ၂၊ အမှတ် ၉၄ ပြည်ပရောက်မြန်မာနိုင်ငံသားများအမိနိုင်ငံသို့ပြန်လာနိုင်ရန်စီးပွားရေးလုပ်ငန်းနှင့်、一―九四号。

Tinker Hugh
1957　*Union of Burma: A Study of the First Years of Independence,* Oxford University Press.

Tinker Hugh, ed.
1984　*Burma The Struggle for Independence 1944-1948: Documents from official and private sources Volume II From General Strike to Independence 31 August 1946 to 4 January 1948,* London Her Majesty's Stationery Office.

［参照ＵＲＬ］

秋元由紀／ビルマ情報ネットワーク「〈ミャンマー〉北部で戦闘続く　中国利権が関与（二〇一一年七月四日）」『アジアプレス・ネットワークホームページ』http://www.asiapress.org/apn/archives/2011/07/04102744.php、二〇一三年五月二〇日閲覧。

アムネスティ・インターナショナル「より積極的な難民受け入れを含む日本の難民支援の充実に向けて」http://www.amnesty.or.jp/news/2016/0915_6332.html、二〇一六年九月一八日閲覧。

ＮＰＯ法人無国籍ネットワーク「無国籍者Ｑ＆Ａ」『ＮＰＯ法人無国籍ネットワークホームページ』http://statelessnetwork.sakura.ne.jp/wp/?page_id=58、二〇一七年五月七日閲覧。

おはよう日本特集まるごと「スー・チー氏来日　在日ミャンマー人祖国への思い（二〇一三年四月一五日）『NHK ONLINE』http://www.nhk.or.jp/ohayou/marugoto/2013/04/0415.html、二〇一三年五月二〇日閲覧。

外務省「難民問題と日本――国内における難民の受け入れ」『外務省ホームページ』http://www.mofa.go.jp/mofaj/gaiko/nanmin/main3.html、二〇一三年一一月一七日閲覧。

厚生労働省「平成二二年公的年金加入状況等調査　結果の概要」『厚生労働省ホームページ』http://www.mhlw.go.jp/toukei/list/pdf/141-2_kekkagaiyo.pdf、二〇一三年五月七日閲覧。

国連難民高等弁務官事務所「二〇〇八年庇護申請者と難民」『国連高等弁務官事務所ホームページ』http://unhcr.or.jp/ref_unhcr/higo/

index.html、二〇一三年一一月一〇日閲覧。

同上「数字で見る難民情勢（二〇一五年）」『国連難民高等弁務官事務所ホームページ』http://www.unhcr.or.jp/html/ref-unhcr/statistics/index-2016.html、二〇一七年五月七日閲覧。

同（二〇一七年四月三〇日現在のビルマ・タイ国境にある難民数）https://www.unhcr.or.th/en、二〇一七年六月二日閲覧。

法務省入国管理局「我が国における難民庇護の状況等」『法務省ホームページ』http://www.moj.go.jp/content/001221347.pdf、二〇一七年五月七日閲覧。

在日コリアン弁護士協会（Lawyers' Association of ZAINICHI Korean: LAZAK）「活動日誌」『LAZAK 在日コリアン弁護士協会ホームページ』http://www.lazak.jp/report.html、二〇一三年九月二四日閲覧。

在日ビルマ人難民申請弁護団「難民認定数等比較―ビルマ出身者」『JLNR 全国難民弁護団連絡会 (Japan Lawyers Network for Refugees) ホームページ』http://www.jlnr.jp/statements/2013/JLNR_statement_201304_jp_annex2.pdf、二〇一三年八月二八日閲覧。

同「難民認定申請数及び認定の推移　地域別・出身国別『JLNR 全国難民弁護団連絡会 (Japan Lawyers Network for Refugees)』http://www.jlnr.jp/stat/2014/rsd_stat_japan_2014_02.pdf、二〇一六年九月一八日閲覧。

同『JLNR 全国難民弁護団連絡会 (Japan Lawyers Network for Refugees)』発表統計、http://www.jlnr.jp/stat/index.html、二〇一七年五月一九日閲覧。

ビルマ情報ネットワーク「ミャンマー政府が日本国内で二〇億円徴税活動（一九九六年一月二五日）」『ビルマ情報ネットワークホームページ』http://www.burmainfo.org/article/article.php?mode=1&articleid=435、二〇一三年一一月一一日閲覧。

ビルマ連邦社会主義共和国一九七四年憲法（Government of the Union of Burma (03 January 1974), "The Constitution of the Socialist Reppublic of the Union of Burma (The 1974 Constitution)", *Online Burma/Myanmar Library*, http://www.burmalibrary.org/docs07/1974Constitution.pdf、二〇一三年一一月二一日閲覧。

ヒューマン・ライツ・ウォッチ「ビルマ——アラカン州の全住民に自由の保障を（二〇一六年三月三〇日）」。『ヒューマン・ライツ・ウォッチホームページ』https://www.hrw.org/ja/news/2016/03/30/288411、二〇一八年一月九日閲覧。

ベネディクト・ロジャース「一九八八年から二〇年——ビルマ国民を裏切る日本の政策」『日刊ベリタ』http://www.nikkanberita.com/read.cgi?id=200808111453041、二〇一七年五月一九日閲覧。

「ミャンマー難民来日二〇年「忘れえぬ祖国」永住帰国決断」『毎日新聞』二〇一五年一二月二六日、http://mainichi.jp/articles/20151226/k00/00e/030/230000c、二〇一七年一〇月八日閲覧。

Government of the Union of Burma (03 January 1974), "The Constitution of the Socialist Reppublic of the Union of Burma (The 1974

Constitution)", Online Burma/Myanmar Library Homepage, http://www.burmalibrary.org/docs07/1974Constitution.pdf' 二〇一三年一一月二一日閲覧。
Khin Kyaw Han, MP-NLD, Yenangyaung (2), "1990 Multi-Party Democracy General Elections (Feb. 1st, 2003)", *The Public's Library and Digital Archive-Homepage*, http://www.ibiblio.org/obl/docs/1990_elections.htm' 二〇一三年一〇月二三日閲覧。
Jed Greer and Tyler Giannini. "Valued less than a milk tin: Discrimination Against Ethnic Minorities in Burma by the Ruling Military Regime", *Earth Rights International-Homepage*' 二〇一三年一〇月二三日閲覧。
Saw Yan Naing/The Irrawaddy, "Most Burmese Refugess in Thailand Don't Want Return: Survey (2013/10/01)", *Irrawaddy-Homepage*, http://www.irrawaddy.org/refugees/burmese-refugees-thailand-dont-want-return-survey.html' 二〇一三年一〇月二日閲覧。
Saw Yan Naing/The Irrawaddy, "Commentary: Still Too Early For Burmese Refugee Return (2016/08/04)", *Irrawaddy-Homepage*, https://www.irrawaddy.com/opinion/commentary/commentary-still-early-burmese-refugee-return.html' 二〇一七年一〇月八日閲覧。
United Nations Inter-Agency Project on Human Trafficking: UNIAP, "Government of Myanmar strengthens its national plan to combat human trafficking", *United Nations Inter-Agency Project on Human Trafficking -Homepage*, http://www.no-trafficking.org/story_my_consultation.html' 二〇一三年一〇月二日閲覧。
Working People's Daily (Saturday, 16 Oct., 1982), "Burma Citizenship Law", *The Public's Library and Digital Archive-Homepage*, http://www.ibiblio.org/obl/docs/Citizenship%20Law.htm' 二〇一三年一一月一〇日閲覧。

［その他資料］
法務省各統計
在日ビルマ人組織作成資料
各種新聞

＊添付資料

FWUBCが2013年2月17日に実施した調査の質問項目。

1. 性別
□男　□女

2. 年齢
□20歳未満　□20～25　□25～30　□30～35　□35～40　□40～45
□45～50　□50～55　□55～60　□60～65　□65歳以上

3. 日本での居住年数
□5年未満　□5～10　□10～15　□15～20　□20～25　□25年以上

4. 在留資格の種類
□永住者　□定住者　□特定活動　□仮滞在　□仮放免

5. 結婚歴
□未婚　□既婚　□離婚　□配偶者と死別

6. 家族構成
□一人暮らし　□夫婦二人暮らし　□夫婦と子ども1人　□夫婦の子ども2人
□夫婦と子ども3人　□夫婦と子ども4人　□夫婦と子ども5人
□夫婦と子ども6人

7. 今後日本で居住したい期間
□1～5年　□5～10　□10～15　□15～20　□20～25　□25～35
□35～45　□生涯（永久）

8. 年金制度加入の有無
□加入　□未加入

9. 加入している保険の種類
□社会　□国民　□未加入

10. 就職状態
□良　□可　□不可

JAC	Joint Action Committee of Burmese Community in Japan	在日ビルマ人共同行動実行委員会
JLH-JP	Kachin Literature and Culture Organization	カチン文学＆文化機構
KLCO	Karen Literature and Cultural Organization	カレン文学＆文化機構
KNL-JP	Karen National League, Japan	在日カレン民族連盟
KNO-JP	Kachin National Organization, Japan	在日カチン民族機構
KNU-JP	Karen National Union, Japan	在日カレン民族同盟
LDB	League for Democracy in Burma	ビルマ民主化同盟
NDB NDF NDF	Network for Democracy in Burma National Democratic Force National Democratic Front (Burma)	ビルマ民主化ネットワーク 国民民主勢力 民族民主戦線
NDF-Rep-JP	National Democratic Front (Burma), Representative for Japan	民族民主戦線（ビルマ）日本代表
NLD	National League for Democracy	国民民主連盟
NLD (LA) JB	National League for Democracy (Liberated Area) Japan Branch	国民民主連盟 (解放地域) 日本支部
ODA	Office Developmet Assistance	政府開発機構
ODP	Orderly Departure Program	合法出国計画
OKOJ	Overseas Karen Organization, Japan	海外カレン機構（日本）
PBF PFB	Patriotic Burmese Forces People's Forum on Burma	ビルマ愛国軍 ビルマ市民フォーラム
PKDS	Pan Kachin Organization, Tokyo Japan	汎カチン協会日本東京支部
PMNS-JP	Punnyakari Mon National Society (Japan)	ポンニャガリモン民族社会（日本）
PNS-JP	Palaung National Society, Japan	在日パラウン民族社会
SLORC	State Law and Order Restoration Council	国家法秩序回復評議会
SND	Shan National for Democracy Japan	在日シャン民族民主連盟
SPDC	State Peace and Development Coucil	国家平和発展評議会
SSCA	Shan Social Cultural Association	シャン社会文化協会
SSND	Shan State Nationalities for Democracy Japan	在日シャン州民族民主連盟
UNFC	United Nationalities Federation Council	統一民族連邦評議会
USDP	Union Solidarity and Development Association	連邦団結発展協会

略語一覧表

AAPP	Assistance Association for Political Prisoners (Burma)	政治囚支援協会（ビルマ）日本代表
ABFSU (FAC)	All Burma Federation of Student Unions (Foreign Affairs Committee)	全ビルマ学生連盟（外交委員会）
ALD (Ex) Japan	Arakan League for Democracy (Exile) Japan	在日アラカン民主連盟（亡命）
ASAJ	Arakan Social Association Japan	在日アラカン人協会
ASI	Anti-Slavery International	国際奴隷制反対組織
AUN	Association of United Nationalities in Japan	在日ビルマ連邦少数民族協議会
BAIJ	Burmese Association in Japan	在日ビルマ人協会
BDA	Burma Defense Army	ビルマ防衛軍
BDA Group	Burma Democratic Action Group	ビルマ民主化行動グループ
BIA	Burma Independence Army	ビルマ独立義勇軍
BNA	Burma National Army	ビルマ国民軍
BOJ	Burma Office Japan	日本ビルマ事務所
BWU	Burmese Women's Union	ビルマ女性連盟
BWU-JB	Burmese Women's Union Japan Branch	ビルマ女性連盟 - 日本支部
BYVA	Burma Youth Volunteer Association	ビルマ青年ボランティア協会
CNC-JP	Chin National Community, Japan	在日チン民族協会
CWO-JP	Chin Women's Organization, Japan	在日チン女性機構
DBSO	Democratic Burmese Student's Organization	民主ビルマ学生同盟
DFB-JP	Democratic Federation of Burma (Japan)	在日ビルマ民主連合
DKN-JP	Democracy for Kachin National, Japan	在日カチン民主化運動
DPNS-JPB	Democratic Party for a New Society-Japan Branch	新社会建設民主党日本支部
EBC	Election Boycott Committee	2010 年選挙ボイコット委員会（日本）
ERI	Earth Rights International	地球の権利インターナショナル
FWUBC	Federation Workers Union of Burmese Citizen, Japan	在日ビルマ市民労働組合
HRWUB	Hotel and Restaurant Workers' Union of Burma	ホテル & レストラン労働組合
ICS	Indian Civil Service	インド高等文官

写真・図表一覧

な

た

か

索　引

著者紹介

梶村美紀（かじむら　みき）

徳島県徳島市生まれ。

東京大学大学院総合文化研究科博士課程修了。博士（学術）。

専攻は国際社会学、アジア地域研究。

現在、大阪経済法科大学国際学部准教授。

論文に「定住ビルマ人の来日前の経歴と民族意識の形成に関する考察」(『東アジア研究』第 64 号、2015 年)、“The Residency Trend of the people from Burma in Japan” *East Asian Review* Vol.16, 2015.、「在日ビルマ人ネットワークの諸相—1988 ～ 2013 年の東京における組織活動を中心として」（根本敬編『上智大学アジア文化研究所 occasional Papers(20) 在外ビルマ人コミュニティの形成と課題—日本と韓国を事例に』2016 年）など。

「ビルマ系日本人」誕生とそのエスニシティ　多民族な社会と新たな連帯

2018 年 2 月 10 日　印刷
2018 年 2 月 20 日　発行

著 者　梶 村 美 紀

発行者　石 井　雅

発行所　株式会社　風響社

東京都北区田端 4-14-9（〒 114-0014）

Tel 03（3828）9249　振替 00110-0-553554

印刷　モリモト印刷

ISBN987-4-89489-245-3　C3039